Detlef Wendler

Wutzimmer, Schmetterlinge

und andere Gotteserfahrungen

© 2016 by Detlef Wendler
Bönnersdyk 4
47803 Krefeld
Fon 02151756718
DUWKrefeld@t-online.de
Umschlag: Sebastian Baumer
Herstellung und Verlag: Bod – Books on Demand, Norderstedt
ISBN 9783743117365

Detlef Wendler

Wutzimmer, Schmetterlinge und andere Gotteserfahrungen

Aus der Arbeit eines Psychiatriepfarrers

Inhalt

Vorwort *9*

1. Kapitel: Sich vortasten *15*
    Befreiende Energie oder beschwingende Musik *16*
    Die Widmung *19*
    Die Freude des Schöpfers *22*
    Vernunft und Religion *24*
    Pharisäer *26*

2. Kapitel: Angenommen sein *29*
    Kernig und lebendig *30*
    Starke Persönlichkeit *33*
    Skurriler guter Typ *36*
    Irrweg der Evolution *39*
    Keine Liebe nirgendwo *42*
    Schuld und Vergebung *45*
    Ein Zimmer für die Wut *47*
    Distel mit Blüte *50*
    Selbstwertgefühl *52*

3. Kapitel: Segen körperlich erfahren *57*
    Bis in die Zehenspitzen *58*
    Gesegnetes Alter *60*
    Gehen *63*
    Schon fast unheimlich *65*
    Segensschleifchen *68*

4. Kapitel: Mit der Angst umgehen *71*
    Weltuntergang *72*
    Der geklaute Jesus *75*
    Angst vor Konflikt *77*

    Das kreative Nichts *70*
    Sicherheitsdenken *82*
    Angst vor dem Leben *85*
    Dauerbeten *88*
    Meine brüchige Welt *90*

5. Kapitel: Erschöpfung und neue Energie *95*
    Bilder der Ruhe *96*
    Zeiträuber *100*
    Tee trinken *102*
    Loslassen *104*
    Mit der Krankheit, nicht dagegen *108*
    Schlaflos *110*
    Wache und bete *112*
    Burnout *114*
    Umgetrieben *117*

6. Kapitel: Sinn suchen *121*
    Schutzengel *122*
    Daseinsrecht *124*
    Weiterhin aus der Quelle *127*
    Darüber lachen *130*
    Dankbarkeit *133*

7. Kapitel: Mitmenschen *137*
    Ärger *138*
    Vorwürfe *141*
    Stimmungslabil *143*
    Partnerschaft *146*
    Falsches Helfen *149*
    Streit an der Bahre *152*
    Neid *155*
    Die Leute *158*
    Alleinsein *160*

8. Kapitel: Trauer: Widerstand oder Bejahung *163*
    Wo war Gott? *163*
    Vorher auch nicht gefragt *167*
    Nach Gott riechen *170*

9. Kapitel: Trost über den Tod hinaus *173*
    Schon halb im Jenseits *174*
    Suizident *177*
    Schmetterling in der Wüste *181*
    Ewiges Leben *183*
    Das Leben loslassen *186*
    Mann im Baum *189*
    Traum-Realität *193*

10. Kapitel: Unterschiedlich und frei *197*
    Das Schwere wird leicht *198*
    Gott ist immer anders *202*
    Nicht Vater, nicht Mutter *205*
    Musik statt Moral *209*
    Gottvergessenheit *211*

Nachwort: Gott spricht in Bildern *215*

Vorwort

Ein Seelsorger oder eine Seelsorgerin in der Psychiatrie hat immer etwas von einem bunten Vogel. Er oder sie bringt Farbe in den Krankenhausalltag, durch mitgestaltete Feste, durch Gruppen, in denen mal nicht Krankheitsbilder oder Probleme besprochen werden. Bei den Seelsorgern geht es auf einmal um gemeinsames Singen oder Geschichtenerzählen, um Kreativität, oder auch darum, was einem Menschen in seinem Leben Halt und Sinn gibt, woran er letztlich glaubt.

In der Gestalt des Pfarrers oder der Pfarrerin kommt im psychiatrischen Krankenhaus jemand um die Ecke, der merkwürdig unklar definiert ist. Zum Team im engeren Sinne scheint er nicht zu gehören, denn er hat eine eigene Schweigepflicht. Was man mit ihm geredet hat, steht hinterher nicht in der Patientenakte. Wenn man seine Gruppen besucht, dann nicht aus Pflicht, sondern aus Lust und man bekommt dafür auch keine Unterschrift in seinen Therapieplan.

Andererseits scheinen Seelsorgende doch zum Team zu gehören. Auch sie wollen ja dazu beitragen, dass es Patientinnen und Patienten besser geht. Auch sie wollen den Prozess der Heilung fördern.

Und dann kommen sie ausgerechnet mit etwas daher, was manche Ärzte oder Psychologen eher für krankheitsfördernd halten: die Religion. Der große Psychoanalytiker Sigmund Freud hat sie für eine kollektive Zwangsneurose gehalten, also eher für eine Art Krankheit oder doch mindestens für den Ausdruck einer Krankheit. Erfahrene Psychiatriepatienten wissen, dass sie sehr vorsichtig sein müssen, mit Ärzten über die Inhalte Ihres Glaubens zu sprechen. Sie werden leicht missverstanden. Pfarrer und Pfarrerinnen sind in der Psychiatrie oft die einzigen, mit denen man über Religion sprechen kann, ohne dass direkt die Krankheitsfrage mitschwingt.

Es ist schon merkwürdig mit der Religion: Macht sie gesund oder krank? Schränkt sie die Menschen ein oder macht sie die Seele liebevoll und weit?

Ein leitender Arzt sagte mir, dass man die Bibel - und erst recht den Koran - in einer psychiatrischen Abteilung eines Krankenhauses verbieten solle, denn da stehen lauter krankmachende Sachen drin.

Wenig später erzählte mir ein anderer Fachmann: „Wissen Sie, ich will Ihnen mal etwas im Vertrauen sagen. Wenn ich nicht angefangen hätte, an Gott zu glauben und religiös zu werden, dann wäre ich in die Psychose abgedriftet. Der Glaube ist eine großer Schutz davor, psychisch krank zu werden."

Und ein dritter Mediziner meinte, es gebe doch so etwas wie ein religiöses Realitätsprinzip. Ich solle den Leuten mal einen Glauben beibringen, bei dem man mit beiden Beinen auf dem Boden der Realität stehe.

Es ist auf jeden Fall ein Abenteuer, in der Psychiatrie als Seelsorger oder Seelsorgerin tätig zu werden. eine wertvolle Erfahrung. Es tut gut, wenn man sich seinen

Humor bewahrt. Mit Humor kann man seine Mitmenschen und sich selbst, egal ob psychisch krank oder nicht, sympathisch finden und mögen. Und mit dem Humor wird man ganz im positiven Sinne als Seelsorger zum bunten Vogel, mitten unter anderen bunten Vögeln, Patienten und Mitarbeitern.

Man muss seine Geduld trainieren und sich von der Vorstellung lösen, dass alle Menschen im Rahmen zu bleiben haben. Oft sind die aus dem Rahmen gefallenen Menschen die ehrlichsten. Mit ihnen habe ich sehr anrührende Geschichten erlebt. Augenblicke, die ich nie vergessen werde.

Ja, man wird in der Seelsorge reich beschenkt: Interessante Begegnungen, der Blick hinter die Masken in seelische Tiefen, die in der Alltagskommunikation verborgen bleiben. Das größte Geschenk aber ist die berührende Erfahrung, dass hin und wieder etwas Heiliges im normalen Leben eines Menschen aufleuchtet.

Von Zeit zu Zeit gibt es Momente, in denen das Hier und Jetzt durchscheinend wird für eine andere Dimension, für das Ewige, wie immer man es nennen mag. Es sind Momente, in denen ein Stück Heilung geschieht. Die angeschlagene oder kranke Seele erfährt im Kern etwas, das zur Gesundung hilft. Das Heilige ist das Heilende. Kommt es aus dem Unbewussten, oder kommt es aus einer anderen Dimension, einer religiösen Dimension? Wer mag das unterscheiden? Für mich spricht in dieser heilsamen Energie Gott.

Wer Seelsorge betreibt, schaut anderen Menschen beim Wachsen und Reifen zu, bei ihrer Bewältigung von Lebenskrisen, bei ihrem inneren Dialog, manchmal leider auch bei ihrer Selbstzerstörung. In der Seelsorge sind bewegende und berührende Begegnungen und Erfahrungen an der Tagesordnung.

Aus der Perspektive der Seelsorge leuchtet ein bestimmter Aspekt der Religion deutlich auf. Da geht es nicht zuallererst um Gebote und Verbote, also nicht um Halal und Haram, um einmal islamische Begriffe zu verwenden, sondern um Trost und Halt, und seelisches Wachstum, um Persönlichkeitsentwicklung. Man könnte auch sagen, es geht darum, in Dankbarkeit das Leben lieben zu lernen. Gebote und Verbote haben ihren Sinn, aber sie stehen nicht an erster Stelle. Die stärkende, tröstende Seite der Religion ist viel wichtiger.

Dieses Buch erzählt einige Begegnungen aus meiner Seelsorge und wirft dadurch hoffentlich etwas Licht auf das Thema, wie der Glaube zur Gesundheit beiträgt.

Um der Einfachheit willen wird in diesem Buch meist die männliche Sprachform inklusiv genutzt. Wie oben bereits ausgeführt, gibt es selbstverständlich auch Seelsorgerinnen, inzwischen sogar mehr als Männer. Und sie machen wohl ähnliche Erfahrungen, wie ich sie in diesem Buch beschrieben habe.

Es bleibt an dieser Stelle noch eines zu betonen: Die Merkmale der genannten Klienten in diesen Szenen und manchmal sogar auch der Ablauf der Geschehnisse sind so stark verändert und anonymisiert, dass unmöglich jemand wiedererkannt werden kann. Ähnlichkeiten der beschriebenen Personen mit tatsächlich lebenden Personen können nur zufällig sein.

Kapitel 1
Sich vortasten

Wer bewusst leben will, kommt nicht umhin, nach der eigenen Einstellung zu Spiritualität und Religion zu fragen, die eigenen Bedürfnisse in bezug auf dieses Themengebiet zu spüren oder auch die eigene Ablehnung. Aber das ist gar nicht so einfach. Zunächst ist man mit einer Fülle von Meinungen und Vorurteilen anderer konfrontiert. Man begegnet unreifen, unreflektierten Gottesvorstellungen, die unter Umständen schaden können. Man neigt vielleicht dazu, das ganze Gebiet des spirituellen Erlebens auf die Moral zu reduzieren, als ginge es nur darum zu bestimmen, was jemand tun soll und was nicht. Man ist mit dem Vorurteil konfrontiert, dass Religiosität ein zu vernachlässigender Rest im Denken von Menschen sei, die nicht genügend durch die Vernunft aufgeklärt sind. Man übersieht, dass es auch außerhalb der Religion viele angebliche Wahrheiten, viele Mythen gibt, die sehr bestimmend für unser Leben sind und dennoch nicht hinterfragt werden. Heutzutage nennt man diese Mythen auch gerne wertneutral Narrative.

Wenn aber ein Stück echte Religiosität in unserer Nähe aufleuchtet, aus Erfahrung entstanden, dann ist es immer beeindruckend und bewegend. Es leuchtet meist auch eine tief empfundene Freude auf. Denn Freude ist eine Empfindung nahe am Kern der Spiritualität.

Befreiende Energie oder beschwingende Musik

„Als ich Kind war, hatte ich Angst vor Gott, der alles sieht", sagt mir Herr Reibert. Wir haben uns am Krankenbett seiner Mutter getroffen, und er nutzt die Gelegenheit, einem Pfarrer mal die Meinung zu sagen. „Darum habe ich mich auch radikal von der Kirche getrennt und bin ausgetreten. Gott guckt sogar unter die Bettdecke und in mein Geheimversteck, so ist mir als Kind gedroht worden. Man sollte es verbieten, Kinder mit solchen Gedanken zu quälen."

Wo er Recht hat, hat er Recht. Denn die Vorstellung vom alles sehenden „Kontrolleur" im Himmel zu benutzen, um einem Kind Angst zu machen und seinen Privatraum zu verletzen, ist seelische Misshandlung. Es hat auch nichts mit legitimer Religiosität zu tun, sondern es ist Missbrauch des Namens Gottes für illegitime Zwecke.
Die Bibelstellen über einen Gott, der einen Menschen überall sieht, zielen nicht darauf, zu kontrollieren, sondern darauf, dass jeder Mensch gewürdigt wird, dass er Wert hat und sich sehen lassen kann. Sie wollen nicht klein machen, sondern groß.

Nachdem ich Herrn Reibert gesagt hatte, dass ich ähnlich denke wie er, fragte ich ihn: „Wie kommt es, dass Sie mit Ihren bestimmt schon 50 Jahren noch so voller Zorn darüber sind?" Und er antwortete mir ehrlich: „Weil ich die Vorstellung von dem kontrollierenden Gott bis heute nicht wirklich losgeworden bin. Ich glaube nicht an Gott, das sind alles nur Märchen. Aber trotzdem bin ich diese Angst noch nicht vollständig los und muss mich immer noch dagegen wehren. Jedes Mal, wenn ich gezwungen bin, eine Kirche zu betreten, kommt sie wieder in mir hoch, und oft auch im Zusammenhang mit der Sexualität."

Herr Reibert war verheiratet und hatte sich wenigstens zum großen Teil von Sexualängsten befreien können, aber anscheinend unter dem in seinem Inneren fortbestehenden Bild eines Gottes als Universalspion nicht vollständig.

„Es reicht nicht, sich nur zu entscheiden, an diesen Gott nicht mehr zu glauben", sagte ich ihm, „denn dann bleibt diese Vorstellung von Gott immer noch haften. Sie werden erst frei, wenn Sie für sich eine heilsame Vorstellung von Gott finden."

„Ich werde nicht wieder mit der Kirche anfangen", sagte er mir abweisend.

„Darum geht es auch nicht", antwortete ich, „es geht mir darum, dass Sie mehr inneren Frieden finden. Dazu gehört meiner Erfahrung nach, dass Sie eine passende Vorstellung vom Höchsten finden, mit der sie sich versöhnen können."

Er war nachdenklich geworden. Wir sprachen dann auch nicht weiter davon, sondern widmeten uns seiner Mutter.

Monate später, seine Mutter war zwischenzeitlich gestorben, bekam ich einen Brief von Herrn Reibert. Ich denke immer noch manchmal an unsere Begegnung, stand da. Ich glaube ja nicht an Gott, wie er mir in der Kindheit vermittelt worden ist. Wenn es überhaupt einen Gott für mich gäbe, dann wäre er eine Energiequelle. Ich habe immer die Energie in mir gespürt, mich zu befreien und mein eigenes Leben zu finden. Wenn es Gott wirklich gibt, ich weiß es ja nicht, dann ist er die Quelle meiner Freiheitssehnsucht.

Ich musste schmunzeln. Gott als Energie hinter einem langen schwierigen Weg der Befreiung, da fiel mir aus der Bibel einiges zu ein, zum Beispiel der Auszug des Volkes Israel aus der Sklaverei in Ägypten.

Es entspricht modernen psychologischen Erkenntnissen, dass es nicht ausreicht, ein eng und krank machendes Gottesbild abzulehnen. Unser Gehirn kennt keine Verneinung. Auch wenn ich mir immer wieder sage, dass ich nicht an einen kontrollierenden Gott glaube, dann bleibt meine Seele doch daran haften. Auch das abgelehnte Gottesbild entfaltet Wirkung. Es kommt vielmehr darauf an, eine neue, befreiende Vorstellung von Gott zu finden. Und da bieten die Religionen genug.

Ich beantwortete seinen Brief und gratulierte ihm zu seinem neu gefundenen Gottesbild. Dann fügte ich noch etwas hinzu: „Wollen Sie wissen, wie ich manchmal Gott erlebe? Gott ist wie eine ermutigende Melodie, die mich durch den Tag begleitet."

Die Widmung

Leonard drückt mir nach dem Gottesdienst ein Gesangbuch in die Hand, das der Kirche gehört und in einer Kiste zur Benutzung im Gottesdienst bereitliegt. „Ich habe Ihnen eine Widmung in das Buch hineingeschrieben", sagt er, „passen Sie gut darauf auf, es wird einmal sehr wertvoll sein." Ich frage: „Wieso?" Er antwortet: „Millionen wird das Buch wert sein, wenn erst herauskommt, wer ich bin." Wieder frage ich: „Wer sind Sie denn?" Aber er antwortet nicht, sondern verweist nur auf die Widmung.

Leonard lebte schon lange in einem Wohnheim für psychisch Kranke, das dem Krankenhaus angeschlossen ist. Er lebte so ärmlich, dass er sich manchmal nicht einmal mehr den Tabak für seine selbstgedrehten Zigaretten leisten konnte. Aber in seiner Gedankenwelt - medizinisch gesehen könnte man auch sagen in seinem Wahn - war alles anders.

Ich schaute mir die Widmung an.

Ich, Leonard, Kind des Allerhöchsten, in der Kraft des göttlichen Geistes, widme dieses Gesangbuch der Krankenhausseelsorge. Es soll die Seelsorge für immer reich machen, damit sie viel Gutes tun kann.

Ich habe mit diesen Widmungstext mehrmals durchgelesen. Ich war sehr berührt von dem, was Leonard da schrieb. Ich glaube, der Text und das Buch„geschenk" waren gut gemeint, tatsächlich gedacht als dankbare Spende eines Großen an die Einrichtung der Krankenhausseelsorge.

„Kind des Allerhöchsten": Was immer Leonard sich darunter vorstellte, er machte damit eine legitime christliche Aussage. Kind Gottes zu sein ist ein normaler Teil christlichen Glaubens und keineswegs wahnhaft.

„In der Kraft des göttlichen Geistes": Leonard hatte schon öfter Gottesdienste besucht und diese theologische Sprache für sich übernommen. Augenscheinlich verband er auch etwas damit. Er kannte von sich den Zustand der Kraftlosigkeit, aber auch den Zustand der Energie und des Tatendrangs. Wenn er sich energetisch stark fühlte, dann hatte er „Kraft von einem göttlichen Geist" bekommen, so wie manche Propheten des Alten Testaments auch von sich sagten. Warum sollte Leonard sich nicht so ausdrücken? Ich dachte einen Moment, er stellte sich den göttlichen Geist vielleicht vor wie ein Wesen aus einem Fantasyfilm. Warum nicht?

„Die Seelsorge reich machen": Es ist eindeutig ein wirklich guter, edler Wunsch, einem anderen Reichtum zu wünschen. „...damit sie Gutes tun kann": Darin spiegelte sich vielleicht wider, dass er schon mal von mir einen kleinen Geldbetrag bekommen hatte, als es ihm ganz schlecht ging.

Je öfter ich diese Widmung las, desto weniger erschien sie mir wahnhaft, desto mehr im Rahmen dessen, was normale christliche Sprache ist. Eine Mitarbeiterin, der ich die Widmung zeigte, ärgerte sich darüber, wie jemand ein Gesangbuch so verschandeln könnte. Sie sprach auch von beschmutzen. Ich selbst habe mich über diese Widmung nicht geärgert, anders als in Fällen, wenn jemand Tabakkrümel in ein Gesangbuch gestreut oder eine Seite herausrissen hatte. Was Leonard getan hatte, war eigentlich kein Beschmutzen, es war ein - fast - normaler Gebrauch dieses Buches, geprägt von einem tiefen Glauben.

Vielleicht war es wahnhaft, zu glauben, dass dieses Buch durch die Widmung einmal wertvoll sein würde. Natürlich habe ich es nicht später versteigern können, natürlich keinen hohen Geldbetrag erzielen können. Aber wertvoll wurde es mir durchaus in dem Sinne, dass ich immer wieder daran denken musste.

Ein armer Heimbewohner, ein Mensch vom Rande der Gesellschaft, sieht sich selbst in der Kraft eines Gotteskindes und gibt diese Kraft voller Selbstbewusstsein an die Seelsorge weiter, dankbar und mit guten Wünschen. Das finde ich bis heute anrührend. Man braucht keinen Porsche und kein dickes Portmonee, um bedeutend und wichtig zu sein. Man braucht eigentlich nur eine entsprechende Vorstellung von sich selbst, einen Glauben. Und Leonard hatte einen starken Glauben.

Natürlich war er – aus medizinischer Sicht gesehen - wahnhaft und schrieb sich eine Bedeutung zu, die noch nicht bei Wikipedia angekommen war und auch nie dorthin kommen würde. Seine Selbstzuschreibung stand auch im krassen Gegensatz zu seiner Marginalität. Und genauso natürlich war er - aus seelsorgerlicher Sicht gesehen - eine bedeutende Gestalt, voll Gottvertrauen und großherzig liebevoll: Ein Mann mit einem großen seelischen Reichtum.

Die Freude des Schöpfers

Frau Meyer sitzt auf einer Decke im Krankenhauspark, ganz nahe an einem Busch. Als sie mich sieht, begrüßt sie mich als alten Bekannten. Dann zeigt sie auf ein Blatt des Busches, auf dem Blattläuse herumkriechen. „Wissen Sie, warum Gott all diese Tierchen geschaffen hat?" fragt sie.

Ich kannte Frau Meyer aus einem Gespräch über ihren Exmann, der nicht gut mit ihr umgegangen war und von dem sie sich schließlich getrennt hatte. Ich ging neben ihr in die Hocke. Ihre Frage, warum Gott die Blattläuse geschaffen hatte, verblüffte mich, und ich hatte darauf keine Antwort.

„Und dort", sagte sie und zeigte auf den Boden unter dem Busch, „Sehen Sie mal...!" Dort krabbelte ein kleines Tierchen herum. „Dieser Käfer, warum hat Gott ihn wohl geschaffen?"

Ich wusste immer noch nicht, was ich sagen sollte. Schließlich brachte ich heraus: „Die Gattung hat sich wohl so entwickelt..."

Frau Meyer schüttelte den Kopf. Wir standen beide auf und sie zeigte auf den Dachfirst des Hauses, auf dem gerade ein Vogel stand und Ausschau hielt.

„Und dort die Amsel, warum wohl ist sie auf der Welt?" fragte Frau Meyer.

Ich staunte darüber, dass sie den Vogel erkannte. Ich selbst habe von Vögeln keine Ahnung.

„Er hat bestimmt eine wichtige Aufgabe im Kreislauf der Natur", versuchte ich eine Antwort.

Frau Meyer lachte mir ins Gesicht.

„Gott hat das alles geschaffen, weil er Freude hat an der Lebendigkeit und der Vielfalt. Rund 10 000 Vogelarten gibt es weltweit. Ist das nicht unglaublich?"

Ich nickte.

„Und mindestens 400 Vogelarten alleine in Deutschland."

„Au ja", sagte ich. Ich staunte darüber, dass Frau Meyer sich mit solchen Gedanken beschäftigte, statt sich über ihre schwierige Lebenssituation zu beklagen.

„Wenn es nur um bestimmte Zweckmäßigkeiten in der Schöpfung ginge, um das Gleichgewicht in der Natur, dann wäre es bestimmt auch mit viel weniger Vogelarten gegangen. 20 bis 30 würden wahrscheinlich ausreichen", vermutete Frau Meyer und fuhr fort: „Nein, es geht um Freude."

„Freude haben Sie im Augenblick nicht viel", sagte ich, „das Leben ist eher ein Kampf für Sie".

„Wissen Sie", antwortete Frau Meyer, „manchmal habe ich den Eindruck, dass ich mehr Freude habe als viele, die in intakten Beziehungen und ohne Geldsorgen leben. Man muss sich auch an den kleinen Dingen freuen können."

„Und klein und unbedeutend sind die Geschöpfe ja gar nicht", ergänzte ich, „die Vögel, die Käfer und Insekten."

Vernunft und Religion

„Wie kann man nur so unvernünftig sein und an einen Gott glauben?" fragt mich ziemlich aggressiv einer meiner Bekannten, ein Atheist. „Die Märchen der Religion sind doch nur dazu da, die Menschen dumm zu halten."

Ich reagierte erst einmal sprachlos auf diese aggressive Art, Religion zu verunglimpfen. Und ich fragte mich, ob heutzutage Christen oder nachdenklich religiöse Leute es noch für gut halten würden, ähnlich abwertend über Atheisten zu reden.

„Jeder Mensch glaubt an Märchen", sagte ich, um erst einmal die Sprache wiederzufinden, „oder besser gesagt: Jeder Mensch hat seine Geschichten, seine Mythen, du auch."

„Wie meinst du das?" fragte er zurück.

„Es ist zum Beispiel ein Mythos, dass eine atheistische Weltanschauung eine humanere Welt hervorbringen könnte, als die Religionen. Die Geschichte der real existierenden atheistischen Systeme hat es widerlegt. Es ist auch ein Mythos, dass ständiges Wirtschaftswachstum die

Welt humaner macht oder überhaupt möglich ist, und doch glauben viele Menschen daran."

Er guckte mich verwirrt an.

„Also was sind deine Mythen?" fuhr ich polemisch fort, „deine Geschichten, mit denen du deiner Existenz auf der Erde Sinn gibst? Der Zufall von Mutationen im Erbgut zusammen mit dem Überleben des Fittesten?"

Mir war durchaus bewusst, dass ich damit die Evolutionstheorie Darwins karikierte. „Und glaubst du, dass dieser Ursprungsmythos zu humaneren Ergebnissen führt als die Vorstellung von der universalen Liebe eines höchsten Wesens?"

Glaube und rationale Vernunft widersprechen meiner Meinung nach einander nicht. Die rationale Vernunft kann Gott nicht beweisen und nicht widerlegen. Sie geht davon aus, dass es das Wunder, das Unerklärliche grundsätzlich nicht geben kann. Wo etwas unerklärlich erscheint, ist nach ihrer Meinung einfach noch nicht genug geforscht worden. Als Ergebnis ihrer Denkbemühung kommt heraus, dass es das Wunder, das Unerklärliche nicht gibt. Wen soll dieser Zirkelschluss erstaunen?

Glaube setzt das Wunder voraus, das Überwältigende, das einen Menschen in der Tiefe Berührende, Gott, wie immer man ihn versteht. Glaube begegnet diesem Wunder mit Dank und Hingabe. Dass einem Menschen, der sein Leben so vom Höchsten betroffen sein lässt, am Ende Gott selbstverständlich wird, auch das braucht niemanden zu erstaunen. Es ist auch eine Art Zirkelschluss. Die Frage ist letztlich, wer besser lebt, für sich selbst und die Gemeinschaft.

Man könnte einmal einen Vergleich wagen. Es gibt Menschen, die glauben an die Liebe zu einem bestimmten Menschen und sagen sogar: Wir sind füreinander bestimmt. Es gibt andere, die sehen Liebe nur an als eine Anomalie des Hormonhaushaltes und eine Fixierung auf ein bestimmtes Partnerschaftsmuster. Nun stellt sich die Frage: Wenn beide ihre Haltung ernst nehmen, durchdenken und daran festhalten, wer von beiden wird wohl am Ende beziehungsfähiger sein?

Mein atheistischer Freund und ich diskutierten noch eine ganze Zeit über Humanismus und den Beitrag der Religionen und der atheistischen Strömungen dazu.

„Es gibt gute Gründe, auch heutzutage an Gott zu glauben", fasste ich später unsere Diskussion zusammen, „man kann sich ja dabei von der Vernunft korrigieren lassen, damit der Glaube nicht irrational wird."

„Es gibt aber auch gute Gründe", antwortete er, „bei vielen Fragen die Hypothese Gott außen vor zu lassen."

Ich musste schmunzeln.

Pharisäer

„Die am Sonntag in die Kirche rennen, sind alle Pharisäer, alle scheinheilig", schimpft eine burschikos aussehende Endfünfzigerin, als ich sie beim Besuch ihres Vaters treffe. „Zum Beispiel meine Nachbarin: Dauernd ist sie

am Meckern, schlägt ihre Kinder, bloß weil die beim Spielen ein bisschen laut sind, aber am Sonntag muss sie sich schön herausputzen und zur Kirche stolzieren."

Nun zeugt diese Äußerung, dass Kirchgänger scheinheilig sind, auch nicht gerade von einem hohen intellektuellen Niveau. Wer so redet, will sich meist selbst nur entlasten. Er braucht dann nicht mehr darüber nachzudenken, wie er selbst zu den wesentlichen Botschaften der Kirche steht: Die voraussetzungslose Liebe Gottes zu allen Menschen, nicht nur den Einheimischen, das Leben im Dienst für den Mitmenschen, die Vorstellung vom einem ewigen Leben nach dem Tode, die Vorstellung vom Frieden durch Gewaltlosigkeit und soziale Gerechtigkeit, um nur einige dieser gängigen christlichen Vorstellungen zu nennen.

Insofern hat diese Empörung über die Pharisäerinnen, die sonntags in die Kirche gehen und montags ihren Ehepartner betrügen, selbst etwas Pharisäisches.

Was sind Pharisäer? Eine Gruppe von Leuten, die zu der Zeit Jesu mit großer moralischer Anstrengung versuchten, die vielen Gebote des Gesetzes einzuhalten, und dasselbe auch von anderen forderten. Viele Zeitgenossen unterstellten ihnen ein heuchlerisches Verhalten, weil sie mit ihren Forderungen anderen Menschen Lasten auferlegten, auch Jesus selbst äußerte sich so.

Ich hatte verständlicherweise kein Bedürfnis, mit der älteren Dame über die Moral ihrer Nachbarin zu diskutieren. Ich fragte sie vielmehr, ob sie denn bei sich hin und wieder so etwas wie ein spirituelles Bedürfnis spüre? Sie verstand die Frage zunächst nicht.

„Ich werde Ihnen einige Fragen stellen, die das Gebiet der Spiritualität beleuchten", fuhr ich fort. „Haben Sie manchmal eine Phantasie von einem Schutzengel? Stellen Sie sich vielleicht manchmal vor, in einer anderen Welt Ihre Mutter oder Ihren Vater wiederzusehen? Sprechen Sie manchmal mit Gott oder zu ihm? Kennen Sie eine Kirche, deren Innenraum Sie seelisch berührt? Haben Sie schon einmal eine Kerze in einer Kirche aufgestellt und dabei einen Wunsch an Gott gerichtet, wie immer Sie ihn verstehen? Haben Sie schon einmal davon geträumt, Elvis oder Jimi Hendrix im Himmel wiederzusehen? Oder sind es bei Ihnen ganz andere Personen? Waren Sie schon mal in glückseliger Übereinstimmung mit sich selbst und ihrer Umgebung, hätten die ganze Welt umarmen können? Kennen Sie davon etwas? Wie sieht es bei Ihnen damit aus?"

Nach dieser langen Rede, mit der ich die Gesprächspartnerin auf die Themen ihrer eigenen Spiritualität ansprach, kamen wir ganz anders ins Gespräch.

Warum sollte man auch die Nachbarin so wichtig nehmen, dass man darüber vergisst, seine eigenen spirituellen Bedürfnisse zu erkennen und ernst zu nehmen. Wir hören doch auch nicht auf, ein leckeres Brötchen zu essen, bloß weil wir wissen, dass ein schlimmer Diktator irgendwo etwas Ähnliches zu sich nimmt.

Kapitel 2
Angenommen sein

Eine bejahende Haltung zu sich selbst zu finden, ist für manche Menschen gar nicht so einfach. Als Kind wurden wir oft auf unsere Defizite angesprochen, uns wurde gesagt, was wir alles – noch – nicht können. Das wirkt auch in uns als Erwachsene nach.

Selbstannahme setzt zuallererst eine Entscheidung voraus, nämlich sich selbst mit seinen Stärken und Schwächen anzunehmen. Es setzt eine gewisse Selbsterkenntnis voraus, was wirklich die eigenen Stärken und Schwächen sind. Es setzt eine gewisse Unabhängigkeit vom Urteil anderer Menschen voraus, die den Betreffenden ja gar nicht so gut kennen können, wie er sich selbst kennt. Es setzt voraus, dass jemand sich von perfektionistischen Vorstellungen verabschiedet und vieles mehr. Dazu gehört auch, sich selbst als schuldfähig zu begreifen und eine Vorstellung von der Vergebung zu entwickeln. Es geht, um dies noch zu nennen, auch nicht ohne ein gewisses Einüben von selbstakzeptierenden Gedanken.

Oft stärken innere Bilder die Selbstannahme, so ähnlich wie bei einem Indianer das Totemtier die Identität stärkt. Manchmal sind innere Bilder auch Fluchtpunkte, in die man sich zur Not retten kann und aus denen man etwas Kraft ziehen kann. so etwas wie Inseln der Erholung. Manchmal entfalten sie sogar paradoxe Wirkungen.

Kernig und lebendig

"So einen bunten Vogel wie mich wollen Sie in der Kirche wohl nicht haben", sagt mir Frau Mandelbaum nach dem Gottesdienst in der Krankenhauskapelle.

Sie war verspätet gekommen. Sie hatte zwei Handtaschen bei sich, eine davon mit riesengroßen Stoffblüten geschmückt. Sie stellte sie umständlich neben sich auf die Bank, während die Orgel schon spielte. Sie öffnete die andere, etwas schlichtere Tasche und holte ein Buch hervor, sowie eine Brille und Taschentücher. Sie trug ein buntes Kleid, rosa und grün und hatte mehrere Tücher in unterschiedlichen Farben um den Hals gelegt: rot, blau, violett. Alles passte farblich überhaupt nicht zusammen. Sie ging nach vorne, vor der ganzen versammelten Gemeinde, machte am Altar einen Knicks, ging dann zu einem Marienbild und zündete eine Kerze an. Dann ging sie zurück zur Bank, setzte sich und kramte wieder in ihrer Tasche.

Ich als Leiter des Gottesdienstes hatte inzwischen die Gemeinde begrüßt und sprach liturgische Gebete. Als wir beim Glaubensbekenntnis waren, hatte sie einen eigenen Text, den sie laut in den Kirchraum hinein sprach, anscheinend ebenfalls ein Glaubensbekenntnis. Ich konnte allerdings fast nichts davon verstehen. Während der Predigt kam sie dann zweimal nach vorne, näherte sich wieder dem Marienbild, knickste dort und betete laut vor sich hin.

Letztendlich war aber ihr Auftreten in der kleinen Gemeinde nicht allzu störend, und sie schien nach allem, was ich beobachten konnte, tatsächlich mit religiösem Eifer dabei zu sein. Sie sang mit, sie betete, nur eben nach ihrem eigenen Maß und anders als die anderen.

Ich sprach sie nach dem Gottesdienst an und fragte sie nach ihrem Namen.

Da sprach sie ihre Vermutung aus: „So einen bunten Vogel wie mich wollen Sie in der Kirche wohl nicht haben, oder?"

„Doch, sicher", versicherte ich ihr, „es wäre nur schön, wenn Sie während des Gottesdienstes auf ihrem Platz bleiben würden und ihre Gebete an der Marienstatue lieber nach dem Gottesdienst verrichten könnten. Sonst lenken Sie die anderen ab."

Als ich das aussprach, merkte ich, dass ich mich ein wenig wegen meiner Ängstlichkeit schämte und mir kam noch ein anderer Gedanken: Mit ihrem Auftritt macht sie den anderen Gottesdienstteilnehmern deutlich, was für ein tiefes Bedürfnis es ist, zu beten. Sie wirkt möglicherweise ganz positiv.

Frau Mandelbaum war schon über sechzig. Sie erzählte mir von dem Mann, in den sie verliebt war, und der leider von seinem Glück noch nichts wusste. Für ihn hatte sie an der Marienstatue gebetet. Sie erzählte auch von ihren Eltern, deren Tod sie immer noch sehr traurig machen würde, obwohl sie nun schon viele Jahre nicht mehr auf der Welt waren. Sie erzählte von einer Zimmernachbarin in ihrem Wohnheim, die so schrecklich an Krebs erkrankt war. Auch für sie habe sie zu Maria gebetet und eine Kerze angezündet.

Ich war sehr nachdenklich nach dem Gespräch: Wäre sie in einer größeren, weniger toleranten Gemeinde aus der Kirche gewiesen worden? Hoffentlich nicht. Aber wenn nun das Fernsehen dabei gewesen wäre und den Gottesdienst aufgenommen hätte? Die Gefahr hätte durchaus bestanden. Und wäre dann nicht die Botschaft entstanden, dass die Kirche ganz konformistische Leute haben will, die nichts Unangepasstes tun, nichts Überraschendes, mit einmal in überraschender Weise beten?

Ich musste an andere Lebensbereiche denken. Wenn man in der Mittagspause in einem Bankenviertel spazieren geht, kann man beobachten, dass die Männer dort fast alle ähnlich aussehen. Sie sind gut trainiert, ohne Übergewicht, sie haben ähnliche Anzüge an und benutzen beinahe die gleichen Taschen. Auch die Frauen unterscheiden sich kaum, tragen ähnliche Kostüme oder Hosenanzüge. Eine Frau mit bunten Tüchern würde sehr auffallen.

Wie ist es unter uns Christen? Und wie sollte es sein? Uniformiert? Sollten Christen ihr Ich ganz zurückstellen hinter das Wir, hinter die Gemeinschaft, in der sie stehen, sollten sie reine Diener werden, unkenntlich in der eigenen Person, uniformiert bis in die Kleidung hinein?

Oder haben wir Platz für bunte Vögel, die mit Tieren oder Pflanzen sprechen, die unangepasst durch die Gegend laufen, die das Auffällige und Überraschende tun, wenn ihnen danach ist?

Um ein anderes Bild zu gebrauchen: Ist Gottes Garten in gleichförmige Beete eingeteilt, in denen die Blumenstauden in Reih und Glied stehen, oder ist er wild und überraschend und hat auch eine Ecke für das Missachtete? Ich denke, auch die Wildkräuter gehören zum Garten. Man muss nicht bei jedem Sonnenstrahl hingehen, um in ihnen herumzuwühlen, sondern kann darauf vertrauen, dass das Ganze gut wird.

In Gestalt der bunten Frau Mandelbaum hatte mir der liebe Gott ein Bild gegeben, das mich dazu gebracht hat, mir eine Menge Gedanken über Christentum und Kirche zu machen.

Starke Persönlichkeit

Frau Burg macht fast ihre ganze Umgebung verrückt. Sie besteht auf täglichen Gesprächen, auf ständiger Bereitschaft, für sie da zu sein. Sie kann Therapeuten, Ärzte und Seelsorger im persönlichen Kontakt und auch am Telefon immer wieder in Atem halten und mit ihren Beschwerden beschäftigen. Sie nennt sich oft ein Opfer finsterer Machenschaften und übt mit ihrem Opferstatus eine große Macht aus.

Um ein Beispiel zu nennen: Sie bestand gegenüber ihrem Nachbarn darauf, dass er Zweige seines Baumes abschnitt, die nah an der Grundstücksgrenze waren. Dazu war er gar nicht verpflichtet. Die Zweige hingen nicht über. Sie vermutete nur, dass sie von dem Baum aus beobachtet wurde. Der Nachbar gab irgendwann entnervt auf und tat Frau Burg den Gefallen.

Als sie im Krankenhaus war, schaffte sie es, auch noch nach Feierabend von ihrem Arzt Gesprächstermine zu bekommen, obwohl sie gar nichts Neues zu sagen hatte, und er lieber nach Hause gegangen wäre.

Es war eine kräftig gebaute Frau, aber doch mit einer auffallend weichen Stimme. „Ich bin einsam, ich bin völlig auf mich allein gestellt", sagte sie öfter. Da half es auch nicht, dass sie eine ganze Gruppe von Helfern um sich hatte. „Ich kann nur überleben, wenn ich kämpfe, ich bin ein einsamer Wolf."

Seltsam, dass sie sich mit einem männlichen Tier verglich. Sie hatte meines Wissens nach nie einen Partner gehabt, bis vor einigen Jahren hatte sie mit ihrer psychisch kranken Mutter zusammengewohnt.

Seltsam auch, dass sie sich mit einem Tier verglich, das eigentlich in Rudeln lebt und nicht allein. Ein einsamer Wolf, darin lag etwas von der Dramatik ihrer Existenz.

Sie fand immer wieder Leute, die mir ihr in den apokryphen Büchern der Bibel lasen, Schriften, die nicht in die normale Bibel aufgenommen worden waren, weil sie schwer verständlich oder irreführend waren. Sie meinte, dort sei der Schlüssel zu ihrem Lebensgeheimnis verborgen, zu der Frage, warum sie so viel kämpfen musste. Mitglieder eines Geheimbundes verbärgen dort in den Apokryphen das Wissen, mit dem sie manipuliert wird.

Am Anfang, als ich sie neu kennen lernte, sah ich sie als Opfer und als schwach. Aber ich wurde bald eines Besseren belehrt. Sicherlich war sie Opfer schlimmer missbräuchlicher Ereignisse in der Kindheit gewesen. Aber sie war mit ihrer Opfererfahrung eine starke Persönlichkeit geworden, sie sog daraus eine Einstellung der Kraft und Entschiedenheit. Einerseits tat es ihr gut, diese Kraft auszuleben. Andererseits wurde sie dadurch einsam. Sie war sehr stark, aber wiederum nicht stark genug, ihre schwache und verletzliche Seite zu zeigen.

Ich kam mit ihr zurecht, als ich ihr immer wieder bestätigte, was für eine starke Frau sie ist, wie fest und unangreifbar sie geworden ist, wie sie sich selbst beschützte. Ich konnte ihr aber auch deutlich machen: „Im Umgang mit so einer starken Frau wie Ihnen muss ich allerdings auch selbst klar auf meine Grenzen achten, wann ich mit Ihnen rede und wann nicht." Das sagte ich ihr. „Sie sind klar Ihren Wünschen, ich bin klar und zuverlässig in dem, was ich bieten kann und was nicht." Erstaunlicherweise lächelte sie, wenn ich so etwas sagte, und konnte gut damit umgehen.

Anders als sonst in der Seelsorge brachte mich nicht weiches Verständnis und Einfühlungsvermögen in einen guten Kontakt mir ihr, sondern meine eigene Festigkeit und Abgegrenztheit, verbunden mit einer akzeptierenden Haltung. Es begann eine Serie von sehr intensiven, persönlichen Gesprächen, die ihr sichtlich gut taten. Immer wieder brachte sie mir Fotos mit, auf denen ein Wolf abgebildet war, nie ein Wolfsrudel, immer ein einzelner Wolf.

„Das ist mein Totemtier", sagte sie einmal. Ich dachte oft darüber nach, wie heilsam dieses Bild des Wolfes für sie war, dass sie darin sich selbst begreifen konnte. Es war wie ein Geschenk, das ihr half zu überleben.

„Irgendwann wird der Wolf auch Gesellschaft finden", sagte ich ihr.

Ich erzählte ihr auch von einsamen Menschen in der Bibel, wie zum Beispiel vom Propheten Elia. Dabei musste ich aber feststellen, dass ich ihr damit zu weit vorauseilte.

Man muss nicht glauben, dass verletzte Menschen schwache Menschen sind, die meisten sind auf ihre Weise bewundernswert stark. Als ich diese starke Seite von Frau Burg sah und würdigte, da konnte sie sich öffnen. Sie wurde sogar etwas weicher im Umgang mit anderen Menschen.

Skurriler guter Typ

Herr Moos hat keine Freunde. Er schreckt alle Leute durch sein skurriles Auftreten ab. Seine Stimme ist unheimlich hoch. Er spricht, als habe er ständig einen Knö-

del im Mund, und außerdem mit sächsischem Akzent. Obwohl er aus dem atheistischen Osten kommt, äußert er ständig religiöse Gedanken, spricht von unserem lieben himmlischen Vater. Er empfiehlt auch ungefragt allen Leuten die Schriften eines christlich-esoterischen Autors.

Er spürte anscheinend nicht, dass er manchmal mit seinen religiösen Gedanken anderen auf die Nerven ging. Wenn man ihm zu seinem eigenen Leben eine Frage stellte, dann holte er zu langen Erklärungen aus, kam vom Hölzchen aufs Stöckchen, so dass man am Ende über all den Erklärungen und Erzählungen die Frage vergessen hatte. Obwohl er eigentlich ein lieber Mann war, schaffte er es doch, sich überall unbeliebt zu machen.

Er hatte eine schwere Kindheit hinter sich, war von seinen beiden Eltern abgelehnt worden, wohl auch deswegen, weil er schon als Kind ein bisschen verschroben war, vielleicht auch weniger intelligent als seine ältere Schwester. Wahrscheinlich war er ein ungewolltes Kind. Er war Einzelgänger und Eigenbrötler, hatte schließlich in einer Schreinerei sein Auskommen gefunden. Wenn er ganz verzweifelt war, dann trank er, aber meistens reichte es ihm aus, von religiösem Eifer „trunken" zu sein. Man hielt ihn sich vom Leib, ließ ihn lächelnd gewähren, aber kümmerte sich nicht weiter um ihn.

Er wurde unterschätzt. Dabei brachte er etwas Erstaunliches zustande. Er lernte eines Tages eine Frau kennen, die an Parkinson erkrankt war. Sie saß schon im Rollstuhl und musste gefahren werden. Herr Moos tat das mit Leidenschaft, er lebte auf und war stolz auf seine neue Freundin. Sie störte sich auch nicht an seinen umständlichen Geschichten, und er brachte tatsächlich die Ruhe auf, der verlangsamten Sprechweise seiner Freundin zuzuhören und sie zu verstehen.

Die Beziehung wurde intensiver und er sah sie jeden Tag. Er fing an, Aufgaben in ihrem Haushalt zu übernehmen, zu putzen und einzukaufen. Dann ging es weiter. Ihr Mann hatte sie in einem Heim untergebracht, sich dann getrennt, die Scheidung eingereicht und war zu einer gesunden Frau gezogen. Er hatte auch dafür gesorgt, dass seine Exfrau eine Betreuung im juristischen Sinne bekam. Sie war also nicht mehr Herrin ihrer eigenen Entscheidungen.

Herr Moos begann mit ihr einen Kampf um ihre Selbstbestimmung, schrieb mit ihr Briefe an den Richter, bewirkte, dass ein Gutachten gemacht wurde, das ihr Geschäftsfähigkeit bescheinigte. Die Betreuung wurde aufgehoben. Herr Moos begleitete sie durch den ganzen Prozess ihrer Scheidung hindurch. Als sie immer kränker wurde, belegte er Kurse in häuslicher Krankenpflege und lernte, seine neue Freundin zu pflegen. Er stellte sich durchaus geschickt an. Verwandte des Exmannes unterstellten ihm zwar, dass es ihm in Wirklichkeit nur um Geld ginge und zweifelten an, dass es sich um eine gute konstruktive Beziehung handelte. Herr Moos hielt alles aus, auch die kritischen Besuche des Sozialpsychiatrischen Dienstes, der aufgrund von Unterstellungen tätig geworden war. Herr Moos wurde zum guten und zuverlässigen Krankenpfleger.

Eines Tages erzählte er mir, dass er seine Freundin heiraten wird. Sie hatten das Aufgebot schon bestellt. Und so geschah es auch.

Ein Mann, skurril in seinem Auftreten, ein Außenseiter. Aber er brachte seiner Freundin viel Lebensqualität, nicht nur durch seine konkrete Hilfe, sondern auch dadurch, dass er mit ihr wertschätzend umging, sie auf Augenhöhe ernst nahm.

Was wollte der liebe Gott mir im Bild dieses Herrn Moos sagen? Vielleicht mahnte er mich und andere, tiefer zu gucken, nicht aufgrund von Äußerlichkeiten oder Ressentiments über einen Menschen zu urteilen, sondern die wahre Größe eines Menschen wahrzunehmen.

Irrweg der Evolution

„Der Mensch ist ein Irrweg der Evolution. Er zerstört das Gleichgewicht der Natur. Es gibt keinen größeren Schädling auf der Erde als den Menschen. Die Erde wird ihn abschütteln, damit sie wieder Frieden findet. Schon bald ist Schluss." Der junge Mann, der mir das sagt, ist vorgealtert und ausgezehrt durch jahrelangen Drogenkonsum. Er ist auf dem besten Wege, sich selbst zu zerstören, hat es durch seine Sucht schon halb „geschafft". Eigentlich hofft er auf nichts mehr, weder für einen Mitmenschen

oder Verwandten, noch für sich selbst. Er hofft höchstens auf genug Geld für den nächsten Trip.

Was tut ein Mensch sich an, der so eine negative Haltung über die Menschheit hat? Er färbt nicht nur seine persönliche Zukunft schwarz ein, sondern beraubt sich jeder Hoffnung, weil ja alle Zukunft aller Menschen für ihn schwarz ist. Er verallgemeinert seine eigene Resignation und steigert sie ins Grandiose. Wenn alles aussichtslos ist, dann hat es auch keinen Sinn mehr, Energie oder Willenskraft auf die Verbesserung der Lebensumstände zu richten. Anstrengungen für den Schutz unserer Erde, Einsatz für Frieden und Gerechtigkeit sind sinnlos. Für ihn steckte in seinem Negativismus auch die Erlaubnis zu einer gewissen Trägheit.

Nun kennen wir alle die Zukunft nicht, niemand kann vorhersehen, wie die Menschheit in einhundert oder zweihundert Jahren leben wird. Es wird wohl so sein, dass wir heute als die Generation der großen Verschwender in die Menschheitsgeschichte eingehen werden. Vielleicht zeigt man dereinst mit dem Finger auf uns, weil wir mit den Ressourcen der Erde unverantwortlich umgegangen sind. Insofern ist das, was der junge Mann sagt, nicht falsch.

Andererseits aber gibt es viele Anstrengungen, die den schonenden und nachhaltigen Umgang mit der Schöpfung fördern. Die Menschheit ist lernfähig. Sie wird für neue Probleme neue Lösungen finden, sie ist schon auf dem Weg. Die Menschheit ist dabei, im Umgang mit der Erde eine neue Moral der Nachhaltigkeit zu entwickeln. Wir gehören zur ersten Generation der jahrtausendelangen Menschheitsgeschichte, die die Erde als Einheit begreift und zur Kenntnis nimmt, dass die Umweltzerstörung in einem Kontinent auch Auswirklungen auf einem anderen Kontinent hat. Ein neues Verantwortungsbewusstsein bildet sich heraus.

Es wäre naiv, zu glauben, dass es in Zukunft keine verschärften Probleme geben wird. Es wird sicher Konflikte und Verteilungskämpfe geben. Aber wir vertrauen doch darauf, dass auch in fünfzig oder hundert Jahren die Menschheit eine Zukunft hat.

Es ist eine religiöse Grundaussage, dass die Menschheit durch das Leid hindurch zum Guten geführt wird. Man mag diese Führung unterschiedlich definieren, sie Vernunft nennen, oder Urkraft des Lebens oder Evolution, oder Gott, darüber lässt sich trefflich streiten. Sie begleitet uns durch die Stürme der Geschichte hindurch. Die Geschichte ist nicht gottlos, auch wenn oft erschreckend viel Grausames passiert. Sicherlich wird es einmal eine Generation von Menschen geben, die in Nachhaltigkeit und Harmonie mit der Erde zu leben gelernt hat. Diese Generation wird dann vor ganz anderen, neuen Problemen stehen, von denen wir jetzt gar nichts ahnen.

Für den jungen Abhängigen war es erst einmal wichtig, sich auf sich selbst zu konzentrieren, auf die eigenen Möglichkeiten und die eigene Zukunft. Die falsche Perspektive auf die ganze Menschheit führte ihn nur in die

Irre. Als er selbst für sich wieder eine Perspektive sah, hörte er seltsamerweise auch auf, von den Menschen als Schädlingen zu reden. Es war eine große Anstrengung vieler nötig, um ihm zu helfen, dass er dahin kam. Ein ganzes Team von Mitarbeitenden war daran beteiligt. Die größte Anstrengung hatte er selbst zu leisten: Auf das bittersüße Gift seines negativistischen Weltbildes zu verzichten.

Ich habe diesen Mann aus den Augen verloren, aber ich denke noch oft an ihn. Ich habe durchaus Sympathie für ihn empfunden. Der liebe Gott, denke ich, hat ihn mir über den Weg laufen lassen, um mir deutlich zu machen, wie sehr die Verneinung aller Hoffnung für die Menschheit auch den einzelnen Menschen klein machen und schädigen kann. Wem Gott Lebenskraft geben will, dem gibt er auch positive Hoffnungsbilder, für sich und für die ganze Menschheit.

Keine Liebe nirgendwo

Herr Heim, ein Mann mittleren Alters, kommt in eine Andacht zu mir und klagt mir danach sein Schicksal. Er ist immer unglücklich, obwohl er doch im Beruf als Verkaufsleiter recht erfolgreich ist und von vielen beneidet wird. Er sagt: „Ich bin nie von jemandem geliebt worden, von meinem Vater schon gar nicht, der war nicht präsent. Wie soll ich glauben, dass es irgendwo auf der Welt Liebe geben kann?"

Seine Mutter war an Krebs gestorben, als er noch ein kleines Kind war, sein Vater hatte irgendwie Haushalt und Kindervorsorgung organisiert und bewältigt, war aber emotional nicht für den kleinen Jungen da gewesen. Herr Heim war ledig, er hatte nie wirklich Vertrauen fassen können zu einer Frau.

„Wenn ich mich auf eine Frau einlassen würde, also ich meine nicht nur so oberflächlich, dann würde sie mir ja doch wieder weggenommen", sagte er dazu. Er zog es vor, allein und bindungslos zu leben.

„Und gucken Sie sich mal auf der Welt um!" fügte er noch an. „Überall gibt es Gemetzel zwischen den Menschen, Krieg, Gewalt. Wie soll ich da an die Liebe glauben, von der Sie sprechen?"

„Warum sind Sie denn in die Andacht gekommen?" fragte ich ihn. „Sind Sie irgendwie auf der Suche?"

„Ich hatte nur Langeweile. Wollte mal sehen, was da so geredet wird."

Spätestens in diesem Moment war mir klar, dass ich Herr Heim nicht mit einer schnellen Antwort beeindrucken oder gar zufriedenstellen konnte.

„Die Welt ist für Sie ein einsamer Ort?" fragte ich. Er stimmte zu.

„Ich habe so die Phantasie, dass das Leben in diesem einsamen Ort für Sie manchmal bitter ist, aber nicht uninteressant", tastete ich mich vor. Er stimmte zu.

„Ich schlage Ihnen vor, dass wir uns ganz in Ruhe zusammensetzen, und Sie erzählen mir von diesem Leben im Reich der Einsamkeit."

Er guckte mich verblüfft an. Er hatte wohl eine Belehrung darüber erwartet, warum man trotz seiner Erfahrungen an das Gute glauben sollte.

„Erzählen Sie von Ihren Höhen und Tiefen, vom Leid und wie Sie sich retten...", ergänzte ich und er nickte.

Es ergab sich aus dieser Begegnung eine Serie von Gesprächen, die alle um sein Leben kreisten. Noch nie hatte Herr Heim erfahren, dass sich jemand lange und nachhaltig für seine Erfahrungen und sein Leben interessierte, ohne ihn zu belehren oder gar bekehren zu wollen. Die Gespräche wurden zu einem wichtigen Ruhepol in seinem hektischen Alltag. Er fasste mehr und mehr Vertrauen. Er genoss es, sich auszusprechen.

Nach ungefähr einem Jahr war sein ehemaliger Lieblingssatz: „Es gibt keine Liebe" nicht mehr von ihm zu hören. Stattdessen sagte er einmal: „Es kommt darauf an, sich Inseln zu suchen, wo man wirklich verstanden wird."

„Für mich ist die Beziehung zu Gott eine solche Insel des Vertrauens", dachte ich und sagte es dann auch.

Ich habe seine Reaktion noch vor Augen. Er nickte langsam und bedächtig.

Wir sprachen noch eine Weile über diese Vorstellung, über dieses Bild von der Insel des Vertrauens. Nicht die ganze Welt ist vertrauenswürdig, nicht jede Begegnung und nicht jeder Mensch. Aber das Leben - oder Gott, wie man will – stellt uns immer wieder das Bild der Vertrauensinsel vor Augen, so dass wir sie suchen und uns darin ein wenig ausruhen können.

Schuld und Vergebung

„Was habe ich denn getan, dass ich dauernd in diesem depressiven Loch sitze? Jetzt bin ich schon drei Monate im Krankenhaus und es wird und wird nicht besser", klagt Frau Blocker, eine Patientin, die unter anderem mit der Diagnose Depression im Krankenhaus ist. Ihre Krankheit erweist sich den bisherigen Heilungsversuchen gegenüber als sehr hartnäckig.

Depressive Menschen reden oft von Schuld, geben sich selbst die Schuld für ihre Krankheit oder sehen gar die Krankheit als legitime Strafe für irgendein schuldhaftes Verhalten an. Vielleicht hat nur jemand einen kleinen Missgriff getan und rechnet sich jetzt die Krankheit als Strafe zu. Es gibt geradezu ein Bedürfnis, die Erkrankung der Depression durch eine Schuld zu erklären, um ihr das bedrohlich Unverständliche zu nehmen.

Bei Frau Blocker hörte ich allerdings nicht so sehr die depressive Selbstanklage heraus, sondern eher einen gewissen gesunden Trotz: „Ich habe doch gar nichts getan", schien sie zu sagen. „Es ist ungerecht, was mir mit meiner Krankheit passiert."

Und sicherlich war dieser Trotz gut. Ja, ich meine, es steckte Lebenswille darin, Widerstand gegen eine Vorstellung von einem kleinlich richtenden Gott, der einen mit Depression bestraft, Widerstand gegen falsche Selbstanklagen.

Ein Schuldgefühl hat, genauso wie tatsächliche Schuld, oft zur Folge, dass man sich selbst nicht annehmen kann. Man zeigt ständig mit dem Finger auf sich selbst und grenzt sich selbst aus. Aber wie war es wirklich, wenn wir als Kind etwas anstellten, wenn wir zum Beispiel mit dem Fußball eine Fensterscheibe zerstörten? Wir flüchteten uns zu Vater oder Mutter und gestanden unseren Fehler ein. Am schlimmsten war es dann, wenn Vater oder Mutter gar nichts sagten, sondern distanziert blieben, besser war es schon, wenn sie schimpften, am besten aber war es, wenn sie uns als Kind auf den Schoß nahmen und sagten: „Denk nicht mehr daran, es ist jetzt gut. Jedem kann das passieren. Wir kriegen das schon wieder hin, wir haben dich lieb." Vielen Menschen, die sich nicht annehmen können und zu Selbstanklagen neigen, ist schon ein Stück geholfen, wenn sie sich vorstellen können, dass Gott ihnen entgegenkommt wie Vater oder Mutter und sie auf den bergenden Schoß nimmt. Demjenigen, der sensibel ist für Schuld, zeigt sich Gott oft als vergebende, liebevolle Mutter oder ein entsprechender Vater.

Bei Frau Blocker war es noch anders. Ihre Depression hatte wohl gar nichts mit Schuld zu tun, kam rein aus dem Körper, und sie empörte sich mit Recht dagegen, eine

Mitschuld daran zu übernehmen. Bei ihr war es erst einmal wichtig, ihr zu sagen: Ihre Depression ist Krankheit, nicht Schuld. Und es war wichtig, Ihren Trotz als Lebenswillen zu interpretieren.

„Sie haben mich gefragt, was Sie getan haben, um diese Depression zu verdienen", sagte ich ihr, nachdem ich mir eine Vorstellung von Ihrer Situation gemacht hatte. „Wahrscheinlich haben Sie gar nichts Böses getan und Ihre Krankheit ist nicht Folge eines Fehlverhaltens. Ich will Ihnen etwas anderes sagen: Ich finde stark, dass Sie trotz der schrecklichen Erkrankung Mut haben, dass Sie kämpfen, dass Sie sich keine Schuld einreden lassen. Ich möchte Ihnen statt der Frage nach der Schuld eine andere Frage nahe legen: Wie können Sie trotz der Krankheit den heutigen Tag am besten gestalten, und den nächsten und den übernächsten?"

Ein Zimmer für die Wut

Frau Palko, eine moderne und erfolgreiche Frau, die wegen Schwindelattacken und Gleichgewichtsstörungen ins Krankenhaus gekommen ist, klagt bei einer Begegnung mit dem Seelsorger: „Ich kenne mich mit mir selbst nicht aus. Ich bin dauernd geladen. Besonders wegen bestimmter Arbeitskollegen, die da einfach herumsitzen und den großen Mann markieren. Und wegen bestimmter Familienangehöriger, die immer so klug daherschwätzen."

Ich bedankte mich erst einmal bei Frau Palko dafür, dass sie mir von ihrem Zorn erzählte und gab ihr zu bedenken, dass in diesem Gefühl ihre Lebensenergie steckt. Sie sei eben eine Frau mit sehr viel Energie. Frau Palko nickte.

Ich fragte sie, ob es gemeinsame Merkmale der Menschen gebe, die ihren Zorn besonders auf sich ziehen. Sie wusste das zunächst nicht zu sagen, versprach aber, genauer zu beobachten und mögliche gemeinsame Eigenschaften festzustellen.

Wenn es bestimmte Eigenschaften von Leuten sind, die dazu prädestinieren, Frau Palkos Zorn auf sich zu ziehen, dann könnte es ja sein, dass sie selbst an diesen Punkten mit sich im Unreinen ist, vielleicht blinde Flecken hat, vielleicht unter etwas leidet.

Manchmal sind wir auch an den Punkten besonders reizbar, wo wir ein Zuviel des Guten haben, wo wir zum Beispiel übergenau sind und deswegen richtig wütend werden können, wenn jemand schlampig ist und trotzdem die dicke Lippe riskiert. Oder wir sind vielleicht sehr sparsam sind und haben Wut auf Leute, die unbesorgt mit dem Geld umgehen und doch immer wieder durchkommen, notfalls, indem sie die Sparsamen um Hilfe bitten.

Vielleicht kann der Zorn auch rein körperliche Ursachen haben, zum Beispiel mit der Schilddrüse zusammenhängen. Aber auf solche Ursachen hin wurde Frau Palko ja gerade untersucht.

Vielleicht hilft ein wenig Humor und Selbstironie, schlug ich ihr vor. Sie könne ja an Tagen, an denen sie besonders geladen sei, von sich aus ihren Arbeitskollegen sagen: „Heute bin ich gereizt. Wer mir in die Quere kommt, der braucht einen Schutzanzug." Wenn sie es schaffen würde, so etwas zu sagen und dabei zu lachen, dann würde die gemeinsame Arbeit an diesem Tag schon ein wenig erträglicher werden.

Schließlich sind Leute, die herummosern oder ihren Ärger herauslassen, manchmal auch ganz sympathisch, weil sie Leben in die Bude bringen. Wenn sie mal nicht da sind, dann sehnt man sich fast danach, dass sie die Stimmung aufmischen. Dazu gibt es ja genug Beispiele aus Filmen.

Ich fragte sie, ob ihr Zorn ihr denn schon viele Beziehungen zerstört habe. „Die eine oder andere schon", überlegte sie, „aber eigentlich habe ich genug feste Freundinnen und mein Partner hat es bisher auch immer ganz gut mit mir ausgehalten."

„Vielleicht hat ihn diese Art sogar fasziniert", überlegte ich.

„Oder beides", sagte sie, „es hat ihn fasziniert, aber manchmal hat er auch darunter zu leiden gehabt."

Ich erzählte ihr von einem befreundeten Mann, der ein Wutzimmer in seiner Wohnung einrichtete, nachdem seine Frau sich von ihm getrennt hatte. Ein Zimmer mit Kissen, auf die er einschlagen konnte, mit weißen Wänden, die er mit großer Schrift beschreiben konnte, um sich seine Schmerzen von der Seele zu schreiben. Auch trommeln und Krach machen konnte er in diesem Raum. Das hat ihn vor Depressionen, wenn nicht gar vor der Selbsttötung bewahrt.

Es ist wichtig, sich selbst auch mit seinem Zorn anzunehmen, auch wenn man den Hintergrund dieses Gefühls noch nicht versteht.

Distel mit Blüte

„Mich kann keiner leiden, ich bin den Leuten zu kratzig, zu aufsässig", sagt mir Frau Reck. „Ich möchte eigentlich überall Harmonie, aber wenn ich etwas sehe, was ungerecht ist, völlig falsch oder gar dumm, dann kann ich einfach meinen Mund nicht halten."

Frau Reck war eine junge chice Frau um die Dreißig. Sie konnte sich klar und einfach ausdrücken, sie hatte Humor. Wenn man mit ihr sprach, brachte sie einen gesunden frischen Wind in die Kommunikation.

Aber sie fühlte sich oft abgelehnt, hatte das Gefühl, anzuecken und letztlich nicht wirklich akzeptiert zu sein. Sie bewunderte heimlich die Frauen, die es schafften, mit mehr Sanftmut und Ruhe die Sympathie anderer Frauen und der Männer auf sich zu ziehen.

Wir gingen einzelne Personen aus ihrem Bekanntenkreis durch, und machten eine Aufstellung. Jede Person wurde repräsentiert durch ein Klötzchen. Sie sollte bei jeder Person entscheiden: In welchem Maße fühle ich bei ihr Akzeptanz, in welchem Maße Ablehnung. Nach diesem Kriterium sollte sie die Personen aufstellen.

Es war interessant zu beobachten, wie differenziert das Bild war. Es gab durchaus eine Reihe Leute, die sie sehr gut akzeptierten, auch wenn sie manche ihrer Äußerungen ablehnten.

Frau Reck kam ins Nachdenken. Wir sprachen über einen weiteren Aspekt, nämlich ob und wie sehr sie sich selbst akzeptierte, sich selbst mochte. Da zeigte sich, dass sie sich wegen ihrer schroffen Art der Kommunikation selbst oft ablehnte, dass sie ein anderes Idealbild im Kopf hatte: Brav und lieb zu sein wie eine Prinzessin.

„Gott sei Dank sind Sie nicht so", sagte ich, „und der liebe Gott hat Ihnen ein bisschen mehr Pep gegeben."

Wir mussten beide lachen.

Aber ihr Thema blieb. Sie konnte sich selbst nicht annehmen oder jedenfalls nicht voll annehmen.

Ich sagte ihr, es könnte noch aus einer ganz anderen Dimension Hilfe kommen. Ob sie sich denn vorstellen könnte, dass es einen Gott gibt, der sie genau so gewollt hat wie sie ist.

An ihrem Zögern bemerkte ich aber, dass diese Botschaft sie in dieser Form nicht erreichte.

Dann bat ich Sie, in den nächsten Tagen einmal auf ihre Träume zu achten: Sie werde etwas träumen, was mit ihrer Selbstannahme zu tun hat.

Sie erzählte mir tatsächlich eine Woche später einen Traum, der sie sehr bewegt hatte. Sie hatte im Traum eine Distel gefunden, sich auch daran gestochen und war sehr ärgerlich über diese lästige Pflanze geworden. Ja, sie wollte die Pflanze schon ausreißen. Aber dann hatte sie gesehen, dass ganz schnell wie im Zeitraffer eine wunderschöne Blüte aus der Distel herauswuchs. Frau Reck schilderte ganz liebevoll und bewundernd von dieser Blüte.

„Distel und Blüte, das steht für Sie selbst", sagte ich ihr, „und beides gehört zusammen."

Man sah ihr an, dass dieser Gedanke sie entlastete.

„Malen Sie die Distel mit Blüte", forderte ich sie auf. Ich hatte dabei den Hintergedanken, dass sie auf diese Weise das heilsame spirituelle Bild besser festhalten würde. Sie malte tatsächlich die Distel sehr liebevoll und was wichtiger ist, sie kam auch der Selbstannahme ein großes Stück näher.

Gott schenkt den Menschen heilsame, hilfreiche Bilder, die das seelische Wachstum fördern, dachte ich. Manchmal im Tagesbewusstsein, manchmal im Traum.

Selbstwertgefühl

„Ich habe kein Selbstwertgefühl", klagt Frau Herpers ständig, „ich halte nichts von mir. Darum komme ich auch im Leben nicht zurecht. Ich halte mich für völlig lebensunfähig, für hässlich, überhaupt nicht liebenswert, für dumm. Außerdem bin ich völlig unnütz auf der Welt und stehle anderen nur die Zeit."

Schlimm, wenn jemand sich so selbst herunterzieht. Für Frau Herpers war es schon zur Gewohnheit geworden. Sie war etwa 50 Jahre alt, in meiner Wahrnehmung durchaus attraktiv, sie sah gut und gepflegt aus. Dumm war sie ganz gewiss nicht, sondern sie wusste durch viele Stunden Psychotherapie und die Lektüre von Ratgeberliteratur mehr über seelische Zusammenhänge und das Leben als die meisten anderen Menschen. Sie war vermögend und hätte sich schöne Reisen und noch viel mehr gönnen können. Sie zog es jedoch vor, sich Kontakte zu suchen, bei denen sie über ihr mangelndes Selbstwertgefühl klagen konnte.

Lebensunfähig war sie ganz gewiss nicht, nur lebte sie sehr einseitig in ihrer Selbstanklagewelt. Ob sie liebenswert war? Sicherlich ja, aber sie würde für einen Menschen, der wagt, sie zu lieben, sehr anstrengend sein, da sie Bezeugungen von Wertschätzung oder gar Zuneigung sicherlich nicht positiv aufnehmen würde.

Ich wusste aus einem vorhergehenden Gespräch, dass es keinen Sinn machen würde, ihr zu widersprechen und ihre liebenswerte, kluge, hübsche Seite zu betonen. Sie erwartete das zwar, aber es würde bei ihr in Wahrheit nicht durchdringen.

„Wenn jetzt der liebe Gott vorbeikäme und Ihnen versichern würde, wie liebenswert, klug und schön Sie sind, würden Sie ihm dann glauben?" fragte ich. Sie lachte.

„Dabei sind Sie in Gottes Augen bestimmt liebenswert", setzte ich hinzu,

„Pastorales Gelaber", wies sie meine Aussage zurück, „das müssen Sie als Seelsorger ja sagen, dass jeder Mensch in Gottes Augen liebenswert ist."

„Sie machen mir Spaß", lachte nun auch ich, „Sie durchschauen und durchkreuzen alles."

Dann setzte ich hinzu: „Vielleicht sind Sie ja wirklich so, wie Sie sich geschildert haben: hässlich und lebensunfähig."

Ich machte eine Pause und registrierte, wie mich Frau Herpers verblüfft anschaute.

„Das hätte ich nicht von Ihnen erwartet, dass Sie das sagen", stotterte sie schließlich.

„Frau Herpers", setze ich noch einen darauf, „ich komme gerade von einem Besuch in einem Wohnheim für geistig behinderte Frauen. Die sind ohne Hilfe nicht lebensfähig, genau wie Sie das von sich selbst sagen. Vielleicht landen Sie wirklich auch noch in einer solchen Einrichtung und verbrauchen Ihre Hunderttausende für die Heimkosten. Ein Heimaufenthalt ist eine gute Möglichkeit, auf einfache Weise viel Geld loszuwerden."

„Wie können Sie so etwas sagen", brauste sie auf. Ihr mangelndes Selbstwertgefühl war einem Zorn auf mich gewichen, und ich musste aufpassen, dass sich dieser Zorn nicht verfestigt.

„Das war jetzt ein Scherz, dass Sie ein Heim brauchen", beschwichtigte ich Frau Herpers, „nur ein Scherz! In Wirklichkeit ist ja alles ganz anders. Wie die meisten

Menschen wissen Sie wahrscheinlich gar nicht, wie Sie wirklich sind. Wahrscheinlich in jeder Situation anders."

„Aber wenn ich doch kein Selbstwertgefühl habe", beharrte Frau Herpers.

In der Nacht vor dem nächsten Gespräch mit Frau Herpers schickte mir der liebe Gott einen Traum. Es war im Traum ein warmer Sommertag, die Sonne schien, bunte Blumen waren zu sehen. Und dann kam Frau Herpers ins Bild, wie sie eine andere Dame in einem Rollstuhl durch den Garten schob.

Mir wurde auf einmal klar, dass ihr unter anderem eine sinnvolle Aufgabe fehlte. Als sie mir dann wieder gegenübersaß, erzählte ich ihr von dem Traum. Sie fand den Traum interessant und malte sich mit mir den Sommertag in angenehmen Farben aus.

„Ich habe vielleicht eine Aufgabe für Sie", fuhr ich dann fort. „Wir haben dort in dem Heim, von dem ich Ihnen erzählt habe, eine Frau, die nicht gehen kann. Sie muss mit dem Rollstuhl gefahren werden. Sie kann auch nicht sprechen. Aber ihr würde es unheimlich gut tun, öfter mal für eine Stunde ins Freie zu kommen, um etwas anderes zu sehen als die vier Wände ihres Zimmers. Machen Sie mit dieser Frau einmal in der Woche einen Spaziergang. Lernen Sie, die Zeichensprache dieser Frau zu verstehen. Schieben Sie sie mit dem Rollstuhl dahin, wohin sie will, damit Sie mal eine Abwechslung hat. Probieren Sie das wenigstens ein oder zwei Mal aus. Und spüren Sie dabei, wie es der Frau geht und spüren Sie auch, wie es Ihnen selbst geht. Und dann reden wir weiter."

Frau Herpes nahm meinen Vorschlag tatsächlich an, schob die ihr unbekannte Frau durch die Straßen und verbrachte Zeit mit ihr. Ich reagierte darauf mit Hochachtung. Sie sprach auch von allen möglichen Gefühlen, die sie während dieser Spaziergänge bei der Behinderten und bei sich selbst wahrgenommen habe. Aber sie sprach kaum noch von ihrem fehlenden Selbstwertgefühl, jedenfalls nicht mit mir.

Die Frage nach dem Selbstwert ist meiner Ansicht nach oft destruktiv. Das liegt zum einen daran, dass die Struktur des Wertens und Vergleichens aufrechterhalten wird, selbst wenn man sich positiv einordnet. Aber das Werten und Vergleichen ist nur in wenigen Situationen notwendig und selten lebensfreundlich. Besser ist es, von Selbstbewusstsein zu sprechen. Selbstbewusstsein bedeutet, bewusst zu spüren, was sich an Regungen, an Impulsen und Gefühlen in der Seele tut. Selbstbewusstsein bedeutet in Kontakt mit sich selbst zu sein. Und das lädt andere ein, ebenfalls diesen Kontakt zu sich selbst zu pflegen.

Kapitel 3
Segen körperlich erfahren

Viele Menschen haben die Vorstellung, dass Glauben nur mit dem Kopf, nur mit Denken zu tun hat. Glauben heißt „nicht genau wissen", sagen manche und bringen Glauben so ganz auf die kognitive Ebene. Aber Glauben ist etwas Ganzheitliches, dazu gehören die Gefühle, vor allem auch das Körpergefühl. Dazu gehört, den Körper nicht abzuwerten, sondern ihm mit Dank zu begegnen, auch wenn er zum Beispiel im Alter seine Grenzen deutlich zeigt. Es kommt auch darauf an, aus dem ständigen Werten und Vergleichen einer auf Fitness fixierten Gesellschaft wegzukommen in das achtsame Erspüren dessen, was der Körper gerade empfindet.

Die Körperlichkeit des Glaubens wird gerade in letzter Zeit wieder neu entdeckt, zum Beispiel wenn Gottesdienste angeboten werden, in denen die Füße gewaschen werden, oder wenn Salbungsgottesdienste stattfinden, was übrigens nichts mit der „letzten Ölung" als Vorbereitung auf das Sterben zu tun hat. Auch die Hochwertung von Tanz im religiösen Kontext spricht für eine Neuentdeckung des Körperlichen.

Bis in die Zehenspitzen

„Eigentlich habe ich erst jetzt Spiritualität für mich entdeckt. Bis in den Körper hinein habe ich das gemerkt, bis in den Bauch und in die Zehen hinein." Das erzählte mir Herr Schlesinger, ein Geschäftsmann, meditationserfahren, der mich zufällig bei einer privaten Feier trifft und die Gelegenheit nutzt, einmal ein paar Worte mit einem Pfarrer zu wechseln. *„Ich war in Gefahr, vor lauter Stress tablettenabhängig zu werden",* fährt er fort, *„aber jetzt bin ich ein Stück weit davon weg."*

Er hatte jahrlang nur funktioniert, das Unmögliche möglich gemacht. Tabletten dienten ihm dazu, sich fit zu halten oder auch für die Nacht zu betäuben. Er hatte sich selbst, seinen eigenen Körper, seine Bedürfnisse kaum gespürt. Geldverdienen ging immer vor, das Körperliche wurde ignoriert.

Irgendwann war diese Entwicklung so weit fortgeschritten, dass Herr Schlesinger merkte, es geht so nicht weiter. Er ging in Therapie. Und sein Therapeut sprach davon, dass er von Yoga oder Meditation oder etwas Ähnlichem profitieren könne. So kam er in ein christliches Haus der Stille und nahm es dort auf sich, eine ganze Woche nichts zu tun, nur dazusein, mit allen Sinnen wahrzunehmen, was in seinem Körper und um ihn herum ist. Er ging spazieren, er nahm an Körpererfahrungs-Übungen teil, er saß auf dem Meditationsbänkchen. Er nahm auch

Schweigezeiten auf sich. Sein Smartphone und sein Laptop blieben ausgeschaltet.

Zuerst war er irritiert und wollte die merkwürdige Untätigkeit abbrechen, um sich wieder den „wichtigen Dingen" zu widmen. Er schimpfte sogar auf diesen „Quatsch", den ihm sein Meditationsleiter nahe legte. Nur weil er gewohnt war, konsequent zu sein und Dinge bis zum Ende zu bringen, blieb er da. Aber nach ein paar Tagen spürte er, wie wohltuend es war, dort in weitgehender Stille einfach da zu sein.

Reflektiert wie er war, konnte er zugestehen, dass er dieses veränderte Körpergefühl nicht selbst „gemacht" hatte, sondern dass es aus einer anderen Quelle kam. Durch Stille und Loslassen hatte er sich dafür geöffnet, nur das war sein Anteil. Also war er nicht ein „Macher", sondern ein „Empfangender". Da er keine ablehnende Haltung gegenüber der Religion hatte, konnte er nach Gesprächen mit dem Meditationsleiter auch sagen: „Gott wirkt in der Stille und er wirkt bis in meinen Bauch und meine Füße hinein."

Glaube war für ihn nicht mehr ein intellektuelles Festhalten an irgendeiner überlieferten Wahrheit, es war wie eine wohltuende Welle von Körpererfahrung.

So weit seine Erzählung bei der privaten Feier.

„Was wäre das auch für ein Gott", bestätigte ich ihm, „bei dem unser Geist gut aufgehoben ist, aber unser Körper nicht? Man kann dieses heilende Wirken Gottes sogar im Schlaf oder bei einem Bad bemerken."

Er nickte.

„Ich muss jetzt aufpassen, dass ich diese neue Erfahrung nicht gleich wieder ganz verliere. In der Wirtschaft geht es oft sehr hart und stressig zu. Aber ich lebe nicht nur für den Betrieb, auch für mich selbst und für meine Familie."

„Gott segne Sie und insbesondere Ihren Körper", sagte ich ihm zum Abschied in einer stillen Ecke der Party, und ich glaube, er hatte solche Worte zwischen Oldiemusik und Büfett noch nie gehört. „Ihre Hände und Füße, Ihre Arme und Beine, den Kopf, den Rücken und den Bauch, den Schlaf und die Sexualität..."

Er lachte.

„...einfach Ihren ganzen Körper."

Wir Christen sind oft so erzogen, dass wir den eigenen Körper ignorieren oder ihm sogar mit Misstrauen begegnen. Früher wurde Christentum oft so weitergegeben. Aber das war nicht richtig. Unser Körper ist gut, er ist ein Gefäß für die Wärme und Energie, die aus unserer spirituellen Quelle kommt. Es gibt übrigens viele Forschungen, die belegen, dass Spiritualität und Meditation die Atemfrequenz, den Puls, den Blutdruck und manche anderen Körperfunktionen positiv beeinflussen.

Gesegnetes Alter

„Ich kann nicht mehr so gut sehen wie früher", sagt mir Herr Eiche, 74 Jahre alt. „Meine Kinder sagen, ich höre

schlecht, aber das Hörgerät hilft mir auch nicht wirklich. Ich habe Schmerzen, wenn ich mich bücke. Tragen ist gefährlich für mich. Es geht alles langsamer als früher. Auch mein Gehirn ist nicht mehr das alte, ich vergesse dauernd Namen. Ich werde alt. Ich habe gelesen, dass viele Achtzigjährige noch auf den Kilimandscharo steigen. So jung und fit möchte ich auch sein. Ich könnte das nicht. Ich habe jedenfalls Angst, dass meine körperlichen Grenzen immer enger werden."

Er hatte immer ein aktives Leben geführt und gehörte keineswegs zu den wehleidigen Menschen. Man merkte ihm an, dass er am liebsten sein Alter leugnen und jung bleiben wollte. Ich spürte allerdings, dass er seinen alternden Körper nicht wirklich mochte, er verachtete ihn, weil er nicht mehr so funktionierte wie früher. Er sah an seinem Körper nur die Defizite.

Manche Männer suchen sich in den späten Jahren junge Frauen, um sich selbst über ihr Altern noch ein wenig hinwegzutäuschen. Die Jugendlichkeit der Partnerin soll sozusagen auf sie abfärben. Ältere Frauen machen es genau so, ja manchmal werden sie sogar dazu ermuntert, sich einen jungen Geliebten zu suchen. Aber ein junger Partner ist keine Lösung.

Ich forderte Herrn Eiche auf, einmal in den Dialog mit dem eigenen Körper zu treten. Wir taten so, als säße sein Körper auf einem anderen Stuhl. Herr Eiche sprach mit ihm, klagte ihn an, weil er nicht mehr so funktionierte wie vorher, beschimpfte ihn regelrecht.

Dann bat ich ihn, einmal die Rolle seines Körpers einzunehmen und aus dieser Rolle heraus zu sprechen. Dabei kam Interessantes zutage: Der Körper schilderte, wie treu und zuverlässig er gedient habe, wie er immer wieder die eigenen Schwächen repariert habe. Er sprach davon, dass er Herrn Eiche nie wirklich im Stich gelassen habe, auch jetzt nicht. Zwar sei alles mühsamer geworden, aber er wollte trotzdem weiter treu dienen, er brauche allerdings ein bisschen mehr Pflege, auch mehr Wertschätzung. Und vor allem mehr Geduld als früher.

Bei Herrn Eiche entwickelte sich in diesem Dialog etwas Erstaunliches. Er verspürte auf einmal Dankbarkeit.

„Ja, es ist wahr", sagte er, „mein Körper war so lange zuverlässig und ist es im Wesentlichen immer noch. Immer noch kann ich atmen und essen und verdauen, immer noch schlägt mein Herz, immer noch kann ich mich bewegen. Dabei habe ich meinen Körper nicht immer gut behandelt. Ich habe mich nicht genügend bewegt und zu üppig gegessen und getrunken."

Während er das sagte, war seine Stimme deutlich verändert. Er wirkte jetzt bescheidener, weicher, liebevoller, nicht mehr so selbstbezogen und anklagend.

Ich wusste, dass Herr Eiche ein religiöser Mensch war.

„Wenn Sie an Gott glauben", sagte ich ihm, „können Sie sich vielleicht vorstellen, dass Gott auf geheimnisvolle Weise in ihren alternden Körper hineinwirkt, ihn segnet bis in die Zehenspitzen. Können sie sich vorstellen, dass die Lebenskraft in ihrem Körper aktiv ist, auch wenn das Bücken Ihnen schwer fällt?"

Herr Eiche sprach mich einige Tage später noch einmal an. Er habe einen Traum gehabt, in dem er mit einem schön duftenden Öl massiert wurde: Rücken, Beine, Füße. Und ein Gesicht aus dem Himmel habe ihm dabei wohlwollend zugeschaut. Darum werde er sich jetzt eine Massage gönnen und daran denken, dass Gott seinen Körper segnet, auch wenn er altert.

Gehen

„Ich sitze den ganzen Tag herum. Ich will meine Diplomarbeit verfassen, aber ich bringe nichts zustande. Alles ist Mist. Ich bin total blockiert. Dabei geht es mir sonst gar nicht so übel. ich habe einfach nur keinen Bock." So klagt ein junger Mann, der kurz vor dem Abschluss seines Studiums steht.

Es war nicht etwa so, dass er faul war. Er hatte sich aus der Literatur vieles zusammengesucht, hat fleißig Ideen und Wahrheiten gesammelt, war mit den Vorbereitungsarbeiten fertig. Aber jetzt bekam er keine Ordnung in die Dinge. Er hatte keinen Antrieb, in die Phase des eigenen Schreibens einzutreten. Er brachte nichts Eigenes aufs Papier. Er saß nur da und quälte sich mit seinen schlechten Gefühlen.

„Wie ist es denn damit, einen Spaziergang zu machen, statt immer nur zu sitzen?" fragte ich ihn. „Vielleicht kommt der Geistesblitz beim Gehen. Oder wenigstens der Antrieb, um mit der Arbeit loszulegen. Vielleicht kommt für Sie beim Gehen wieder etwas in Gang."

Er schmunzelte über das Wortspiel. Ich ebenfalls.

Ja, häufig ist es so. Wenn wir blockiert sind, wenn wir in eigenen depressiven Gedanken gefangen sind, kommt wieder etwas in Gang, wenn wir unseren Körper bewegen. Die hervorragendsten Köpfe der Menschheit sind während ihrer wichtigsten Jahre immer wieder bewusst gegangen: Religionsstifter, Philosophen, alle möglichen. Der Religionsstifter und Prophet Moses ist mit seinem Volk durch die Wüste gezogen, 40 Jahre lang, eine lange Zeit, in der ihm die 10 Gebote und vieles andere eingegeben worden sind. Jesus zog von Ort zu Ort, um den Menschen die beginnende neue Zeit Gottes deutlich zu machen. Gautama Buddha ist mit einer Schülerschar durch die indischen Lande gezogen und hat über seinen Weg zur Erlösung geredet.

Aber auch große Philosophen haben im Gehen gearbeitet. Der große chinesische Daoist Zhuangzi hat das Gehen geradezu zur Lebensphilosophie entwickelt, das Unterwegssein. Er nennt es dem „Dao" folgen. Und das Dao ist nichts anderes als der Weg, der sich zu gehen anbietet.

Die Liste der berühmten Gehenden ist sehr lang. Die Beispiele könnte man beliebig vermehren. Die Wanderungen großer Künstler wie etwa Goethe sind bekannt,

Friedrich Nietzsche hat seine Philosophie nach eigener Aussage mit den Füßen geschrieben. Also gehen, wenn nichts mehr geht? Gehen, damit wieder etwas in Gang kommt?

Der Heilige Geist wirkt nicht nur auf unser Denken, sondern wirkt bis in den Körper, hebt dort die Blockladen auf, damit wir wieder körperlich und geistig „in Fahrt" kommen.

„Man kann nicht ständig am Schreibtisch sitzen und lesen und schreiben", sagte ich dem Studenten. „Höchstens vier oder fünf Stunden am Tag. Und zwischendurch viel schlafen und immer wieder raus und ein bisschen gehen! Damit das Gehirn abgelenkt ist und die aufgenommenen Informationen neu ordnen kann."

Schon fast unheimlich

„Mir geht es sehr gut", sagt Herr Pohlmann, „meine Wünsche sind in Erfüllung gegangen. Ich kann meinen Hobbys nachgehen, ich werde von anderen Menschen anerkannt und gemocht. Ich bin vergleichsweise gesund, während um mich herum überall die Krankheiten zuschlagen." Herr Pohlmann ist Rentner, er lebt mit seiner Frau zusammen, die beiden Kinder sind erwachsen. Er hat Zeit und fertigt Glasbilder an, die in seinem Bekanntenkreis großen Absatz finden.

„Es ist schon fast unheimlich, wie gut es mir geht", fasste er seine Rede zusammen. Ich merkte, dass ich am liebsten widersprechen wollte, als er von diesem Gefühl des Unheimlichen sprach. Es ist doch auch religiös gesehen gut und richtig, zu genießen, wenn es einem gut geht. Es einfach zu genießen, nicht infrage zu stellen oder mit Ängsten zu belasten.

Natürlich gibt es gerade unter Christen viele Menschen, die gegenüber jedem Genuss misstrauisch sind. Darf ich mein Leben genießen, sagen sie, wenn es anderen Menschen überall auf der Welt schlecht geht?

Ja, auch als Christ darf ich das. Auch Jesus hat es kurz vor seinem gewaltsamen Tod genossen, mit einer teuren Salbe eingerieben zu werden, obwohl man sie hätte verkaufen und das Geld den Armen geben können. Man hilft auch in Wirklichkeit keinem Leidenden auf der Welt, keinem Kriegsopfer, keinem Hungernden, indem man sich selbst schlechte Gefühle darüber macht, dass es einem zu gut geht.

Man kann helfen, indem man Geld spendet oder sich in Hilfsorganisationen wie zum Beispiel Amnesty International engagiert. So kann man von seinem Glück weitergeben.

Aber keiner braucht misstrauisch auf sein eigenes Wohlergehen zu schauen. Es ist völlig in Ordnung, das Leben zu genießen, uneingeschränkt, auch für einen Christen. Die alten griechischen Götter waren zuweilen eifersüchtig auf Menschen, denen es zu gut ging und bestraften sie. Der christliche Gott ist nicht so. Er freut sich mit an unserer Freude.

„Wenn es Ihnen sehr gut geht, ist es vielleicht richtig, etwas für andere zu tun und so etwas zurückzugeben", deutete ich Herrn Pohlmann diese Gedanken an. „So verhindert man im Übrigen, dass man aus dem Wohlergehen heraus in eine übersättigt-verdrießliche Haltung kommt. Helfen könnte auch, eine neue Gewohnheit zu entwickeln, eine kleine tägliche Meditation des Dankes."

Mit diesen Worten rannte ich allerdings bei Herrn Pohlmann offene Türen ein. Er sagte mir sogar, dass er einmal darüber meditiert habe, wie er auf dem Sterbebett liegt. „Dann würde ich mir sagen: Ich habe wirklich viel Schönes im Leben gehabt, eine gute Partnerin, vernünftige Kinder, ein Superhobby, die Wertschätzung vieler Mitmenschen, viele gesunde und relativ unbeschwerte Jahre. Jetzt ist es Zeit zum Abschied. Jetzt gehe ich in eine andere Welt."

Ich ging beeindruckt, ja ergriffen von diesem Besuch weg. Viele Leute, denen es gut geht, entwickeln innere Bilder von Verlusten, von Katastrophen. Sie fangen dann an, sich zu ängstigen oder über das zu nörgeln, was immer noch nicht optimal ist. Anders Herr Pohlmann: Ihm waren, woher auch immer, Bilder der Dankbarkeit zugeflogen. Sogar seinen inneren Dialog auf dem Sterbebett malte er sich als großen Dank aus. So vermied er es, sich sein Glück zu schmälern, so wurde er zu einem Vorbild im Gottvertrauen.

Segensschleifchen

Frau Allrich begegnet mir in der Stadt und begrüßt mich als alten Bekannten. Sie erzählt mir von roten Schleifchen. Sie sei auffällig geworden, als sie auf dem Bahnhofsvorplatz an alle abgestellten Fahrräder kleine Schleifchen aus rotem Geschenkpapier band. Weil bei ihr schon einmal eine psychische Erkrankung vorgelegen hatte, hat die Polizei sie sicherheitshalber ins psychiatrische Krankenhaus gebracht, wo sie allerdings nach einem Gespräch mit dem Arzt gar nicht erst aufgenommen worden ist.

„Das ist ja nun nicht verboten", sagte ich, „es ist ungefähr so wie bei jenen Leuten, die kleine Werbezettel hinter die Scheibenwischer von parkenden Autos klemmen."

„Ja, die im Krankenhaus haben das auch so gesehen und kein Problem daraus gemacht", meinte Frau Allrich.

„Aber was mich interessieren würde...", fragte ich weiter. „Warum haben Sie das getan? Was ist der Hintergrund?"

Frau Allrich erklärte es mir. Sie hatte einmal einen Unfall gehabt, bei dem sie von einer Fahrradfahrerin angefahren worden war. Sie war leicht verletzt worden. Seitdem weiß sie, dass nicht nur Autos, sondern auch Fahrräder gefährlich sein können. Und deswegen wollte sie die Fahrräder segnen, damit kein Schaden von ihnen ausgeht, damit zum Beispiel kein Kind angefahren wird und auch die Fahrradfahrerin selbst nicht stürzt. Das Schleifchen sei ein Zeichen für diesen Segen. Sie habe bei jedem Fahrrad, an das sie ein Schleifchen gebunden habe, Gott um Schutz und Segen gebeten. Es seien ja auch nicht nur die Schleifchen selbst gewesen, sondern an jedem Schleifchen habe noch ein Zettel gehangen: „Möge dir nie ein Unglück geschehen."

Ich war ganz berührt von dieser Art des Gottvertrauens. Ich fragte mich, warum man durch eine solche Aktion in den Verdacht kommen kann, dass man psychisch krank und nicht verantwortlich für seine Taten wäre. Diese Einordnung eines simplen Segenswunsches ist eigentlich unverständlich. Ist unser Mainstream-Denken so phantasielos? In einem kirchlichen Kontext, zum Beispiel bei einem Gottesdienst für Fahrradpilger, wäre diese Aktion völlig unauffällig gewesen.

Weiter überlegte ich auch, ob eine solche Aktion nicht sogar tatsächlich eine Wirkung hat. Vielleicht lesen es ja die Fahrradfahrer und fahren dann tatsächlich ein bisschen sicherheitsbewusster. Vielleicht gibt es so etwas wie eine schützende Atmosphäre, die auch durch ein solches Schleifchen um ein Fahrrad herum aufgebaut werden kann. Vielleicht wird den Bykern auf diese Weise wenigstens ein Lächeln abgewonnen, was dazu beiträgt, dass sie weniger verkniffen fahren und mit größerer Wahrscheinlichkeit heil an ihr Ziel kommen.

Ich dachte auch an wütende Zeitgenossen, die ihren Sozialneid oder sonstigen Hass so austoben, dass sie anderen Leuten die Ventile aus dem Fahrrad klauen, die Klingeldeckel abschrauben oder schlimmer noch in die Speichen treten. Wie viel schöner und anrührender war dieses liebevolle Signal von Frau Allrich. Sie tat letztendlich etwas Gutes, auch wenn manche Passanten darüber den Kopf geschüttelt haben mögen.

Einmal mehr hatte ich in ihr jemanden gefunden, der Segensworte für wirksam hält, und zwar bis ins ganz Konkrete, Körperliche hinein. Einmal mehr auch jemanden, der vom Geist der Liebe berührt war.

Kapitel 4
Mit der Angst umgehen

Angst ist ein Gefühl, das sehr viele Menschen umtreibt. Es kommt ist der Seelsorge ständig Thema. Menschen unterschiedlichster Weltanschauungen und Religionen können sich, wenn sie nachdenklich und ehrlich sind, meist darauf einigen, dass viele ihrer Gedanken und Überzeugungen mit der Bewältigung von Angst zu tun haben. Dabei hat Angst ganz unterschiedliche Facetten: Von der Angst vor jeder Veränderung bis hin zur Panik vor der Vernichtung, von der Angst vor dem kleinsten Konflikt bis hin zur Furcht vor dem gesundheitlichen Abbau im Alter und dem entsprechenden sozialen Rückzug, vom Lampenfieber bis hin zu der Angst vor sozialer Ausgrenzung.

Wenn sie nicht zu heftig wird, kann man mit der Angst leben lernen, kann sie sogar als schöpferischen Antrieb verstehen. Manchmal ist sie ein Wegweiser, der uns darauf stößt, wo sich etwas positiv in unserem Leben verändern sollte. Wenn es aber Angstumstände sind, an denen wir nichts ändern können, dann helfen vielfach innere Bilder gegen die Angst: Bilder von Mut und Geborgenheit, vom Überwinden des Schreckens, von einer anderen und besseren Zukunft bis hin zu der Vorstellung von Jesus, der gezeigt hat, wie man sich nicht von Angst, sondern von Gottvertrauen und Liebe leiten lassen kann.

Weltuntergang

„Mit unserer Welt geht es bald zu Ende. Alle Anzeichen sprechen dafür. Es ist ja auch schon von den alten Mayas vorhergesagt worden. Und von den Wikingern. Ich habe gelesen, dass mm 22.2.14 Ragnarök ausbricht, der weltweite Endkampf. Dann ist es mit allen Menschen vorbei."

Das sagte mir eine Mitarbeiterin in Krankenhaus, alleinstehend, in den Fünfzigern. Ich kannte sie eigentlich als sehr kooperative und praktisch veranlagte Frau. Die Weltuntergangsgedanken schienen gar nicht zu ihr zu passen. Sie war auch nicht auf die germanische Mythologie festgelegt, sondern konnte sich ohne Schwierigkeiten auch aus anderen Kulturen bedienen.

„Was macht Sie so sicher, dass der Weltuntergang naht?" fragte ich sie.

„Die Menschheit ist so schlecht, so verdorben, so korrupt, so rücksichtslos, das kann ja nicht immer so weitergehen. Meinen Sie nicht auch?"

„Ich glaube nicht an den baldigen Weltuntergang", antwortete ich, „und die Menschheit ist meiner Meinung nach teils-teils, teils durchaus okay, teils sogar sehr solidarisch, teils übel. Sie sind ja anscheinend vom baldigen Ende fest überzeugt. Was bedeutet das denn für Sie persönlich?"

„Mir tun nur die Kinder leid und die jungen Erwachsenen, die noch gar nicht richtig gelebt haben."

„Die älteren Leute tun Ihnen nicht leid?"
Sie schüttelte den Kopf.
„Sie selbst tun sich auch nicht leid?"
Sie zuckte mit den Schultern.
„Ist es so, dass Ihr Leben Ihnen wenig wert ist?"

Leider war die Situation nicht für einer tiefergehendes persönliches Gespräch geeignet. Bei einer späteren Begegnung stellte sich aber heraus, dass nicht Selbstabwertung, sondern eher Wut hinter ihren Gedanken steckte. Sie war einfach wütend darüber, dass es so viele Ungerechtigkeiten auf der Welt gibt.

Warum sind Weltuntergangsgedanken für viele Menschen so attraktiv? Warum geben manche Menschen viel Geld für diese Gedanken aus, pilgern nach Mexiko zu den Mayapyramiden oder schließen sich einer Sekte mit strengen Regeln an?

Außer Selbstabwertung oder Wut fällt mir noch eine andere Erklärung ein. Gibt es vielleicht eine Art existenzielle Grundbefindlichkeit von Angst? Eine Angst, die im Grunde jeder in sich hat, die zu den Bedingungen unseres Lebens gehört? Eine Angstempfindung, bei der man gar nicht weiß, wovor man sich fürchtet? Eine solche Angst könnte durch das Gemüt wabern, bei dem einen stärker, bei einem anderen wenig stark, bei manchem unerträglich heftig.

Wenn es einem Menschen nun gelingt, diese Angst mit einem konkreten Ereignis zu verknüpfen, dann wird die Angst beherrschbar, dann kann er leichter damit umgehen.

Die Konkretisierung der Angst ist ein Schritt des Angstabbaus. Der Glaube an den Weltuntergang würde also eine noch schlimmere, unbestimmte Angst mindern. Deswegen wird auch oft so vieles mit Angst aufgeladen: das Waldsterben, das Ozonloch, ja am Ende sogar die Überfremdung durch andere Kulturen. Die Menschen haben noch nie so sicher gelebt, wie heutzutage in den westlichen Ländern, und die Zahl der Angsterkrankungen war noch nie so hoch.

Wenn Religion aufrichtig ist, dann wird sie diese existentielle Grundangst nicht als Einfallstor für Manipulation missbrauchen. Gute Religion schürt nicht diese Grundangst, sondern beruhigt sie. Sie vermittelt ein Gefühl, von der höchsten Macht des Lebens, von Gott gehalten zu sein. Mag kommen was will, Gott verlässt uns nicht. Er schickt seinen Engel und hält uns bis ins Alter, ja bis zum Tod und darüber hinaus.

„Das Christentum kennt doch auch die Vorstellung vom Ende der Welt", argumentierte einmal meine Gesprächspartnerin.

„Ja", antwortete ich, „aber nicht als Lust am Untergang, nicht als Rache für die Verderbtheit, sondern als Hilfe und Rettung für die Menschen, die besonders unter Gewalt und Ungerechtigkeit leiden."

Der geklaute Jesus

Ein offensichtlich veränstigter junger Mann kommt auf mich zu. „Ich muss Ihnen etwas beichten", sagt er, „ich habe Jesus geklaut." Ich muss ihn wohl ziemlich verständnislos anschauen, denn er ergänzt: „Die Jesuskind-Puppe aus der großen Krippe im Einkaufszentrum. Ich habe eine große Bitte an Sie: Können Sie sie nicht zurückbringen?"

Er öffnete seine Jacke und zeigte mir die etwa 30 cm große Babypuppe, die er aus dem Krippenensemble entwendet hatte. Ich fragte ihm, wie das kam. Er erzählte mir von einer großen Panik, die er an diesem Morgen hatte. Es war eine regelrechte Vernichtungsangst, als müsse er an diesem Morgen sterben. Da habe er gedacht: Nur diese Jesuspuppe kann mich noch beschützen.

„Dann habe ich sie in einem unbeobachteten Moment an mich gebracht und bin weggelaufen. Später ging es mir wieder besser. Ich habe die ganze Zeit meine Hand auf den Kopf der Puppe gelegt."

Gott sei dank war seine Panik jetzt abgeflaut, und er wollte nichts lieber, als die Puppe wieder an ihrem Platz sehen, fürchtete sich aber davor, sie selbst den Mitarbeitern der Shopping-Mall zu überreichen. Ich brachte für ihn die Puppe zurück.

In der Zeitung las ich, dass in Griechenland ebenfalls eine Jesuspuppe aus der Krippe gestohlen worden ist. Der

Hintergrund war aber ganz anders. Es waren Atheisten, die auf diese Weise gegen die Jesus-Verehrung protestieren wollten.

Was haben beide Geschichten gemeinsam, einmal abgesehen von der parallelen äußeren Handlung? In beiden Fällen wird anscheinend dieser Jesuspuppe eine Macht zugeschrieben. Sie ist nicht einfach ein Stück Holz, sondern mächtig, im guten oder im bösen Sinne. Der eine sehnt die Macht her, um eine Angst in Grenzen zu halten, der andere möchte diese Macht vernichten, weil er meint, dass sie das Leben behindert.

Es ist allerdings nicht das geschnitzte und mit einem Kleidchen versehene Holz, dem diese Macht zugeschrieben wird, sondern die Person, die durch das Holz verkörpert wird, Jesus. Wohl ohne sich dessen bewusst zu sein, sprechen auch die Atheisten in Griechenland diesem Jesus eine Macht über die Herzen zu, eine Kraft der Veränderung, eine tief wirksame Energie. Und hat er sie nicht tatsächlich, wenn man einmal absieht von all den kitschigen Verniedlichungen, an die wir uns gewöhnt haben? Seine Macht kann man schon daran sehen, dass in seinem Namen bis heute sehr viel Gutes und leider nicht selten auch Missbräuchliches und Schlechtes geschieht.

Die Puppe verkörpert Jesus, Jesus aber verkörpert Gott. Und Gott ist nichts anderes als die Kraft, die das Leben hervorgebracht hat und erhält und die jedem einzelnen Menschen Wert und Sinn gibt.

Angst vor Konflikt

Herr Blume wirkt sehr weich und lieb. Er spricht mit leiser, trauriger Stimme, so dass man sich Mühe geben muss, ihn überhaupt zu verstehen. Seine Kollegen am Arbeitsplatz haben ihm lange Zeit übel mitgespielt, so dass er krank geworden ist und schließlich gekündigt wurde. Auch seine Frau hat ihn als Versager ausgeschimpft und verlassen. Er selbst sagt aber kein böses Wort über seine Kollegen oder seine Frau.

Herr Blume war und ist ein guter Christ, von Jugend auf religiös erzogen. Es kommt nicht selten bei christlich erzogenen Männern und Frauen vor, dass sie konfliktscheu sind, gehemmt, nicht fähig, sich in eine Auseinandersetzung zu begeben. So wurde es vielen Gläubigen beigebracht. Früher nannte man das „den unteren Weg gehen". Das bedeutete, sich bescheiden unterzuordnen und jede Auseinandersetzung zu vermeiden.

Als die Kirchen noch von den Obrigkeiten geförderte Institutionen zur Erziehung des Volkes waren, wurde dieses demütige Verhalten von der Kanzel aus gefördert. Bescheidenheit, Bereitschaft, sich selbst nicht allzu wichtig zu nehmen und sich in die Belange des Großen und Ganzen einzuordnen, all dies hat ja durchaus seinen Wert. Aber die Konfliktvermeidung hat auch ihre Grenzen. Wenn sie die einzige Verhaltensmöglichkeit wird, dann folgen aus ihr psychische Schäden. Dann entstehen am

Ende aus ihr geschädigte Menschen. Dann wird auch jeder Fortschritt unmöglich gemacht, der aus dem fairen und ruhigen Austragen von Konflikten kommt. Nur in einem Prozess, in dem jede Seite ruhig und selbstbewusst ihre Sicht der Dinge vortragen kann, kann eine gerechte Lösung gefunden werden.

Bei Herrn Blume ging es schon so weit, dass er Rückenbeschwerden hatte. Sein Rücken brachte zum Ausdruck, dass seine Seele schmerzte.

Ich fragte ihn, was er denn für den Fall befürchte, dass er mit jemandem in die Auseinandersetzung gehe, dass es einmal richtig Streit gebe.

Er antwortete: „Wenn ich richtig Streit habe, dann brechen die anderen die Beziehung zu mir ab, dann stehe ich nachher ganz alleine da."

Es kam in weiteren Gesprächen heraus, dass seine Mutter ihm als Kind immer gedroht hatte, ihn wegzuschicken, wenn er zu streiten anfing. Und für ein Kind ist es lebensbedrohlich, von der Mutter weggeschickt zu werden.

„Streit kann aber auch Beziehung schaffen", sagte ich ihm, „vor allem wenn er mit einer gewissen Wertschätzung des Streitpartners verbunden ist, wenn man sich gegenseitig sagen kann, dass man sich schätzt. Ein Mann oder eine Frau, mit der ich gestritten und mich wieder versöhnt und erneut gestritten und dann versöhnt habe, mit der habe ich eine tiefere Beziehung als mit jemandem, mit dem immer nur Nettigkeiten ausgetauscht worden sind."

Ich fragte Herrn Blume, ob er Geschichten kenne, bei denen Jesus richtig gestritten hat. Er nickte nachdenklich. Und wir sprachen über die heftige Kritik Jesu an den Pharisäern, die Jesus mit einem stinkenden Grab verglichen hat, was eine schwere Beleidigung darstellt. Wir sprachen über die deftigen Worte, die Jesus seinen leiblichen Brüdern mitgab, als seine Mutter Maria ihn durch die Brüder bitten ließ, doch nicht mehr öffentlich aufzutreten und die Familie nicht zu blamieren. „Geht nach Hause zu meiner Mutter, und sagt ihr, wer in Wahrheit meine Mutter und meine Brüder sind: Nicht ihr, sondern die, die hier um mich herum sitzen und mit mir über Gottes Reich nachdenken." Wahrlich harte Worte.

Gott ist auch in meinen persönlichen Konflikten an meiner Seite. Ich bat Herrn Blume, diesen Satz immer wieder zu meditieren.

Das kreative Nichts

„Wenn ich nur wüsste, wie es weitergehen soll", stöhnt Herr Huber, „ich habe meine Firma um die Kündigung gebeten, ich komme da einfach nicht weiter, fühle mich schon seit Jahren auf dem Abstellgleis. Und immer wieder das Mobbing dort. Jetzt werde ich arbeitslos, und ich kann mir kaum vorstellen, wie ich wieder eine Stelle bekommen soll. Ich tappe im Dunkeln. Dazu kommt, dass es auch in meiner Ehe kriselt und ich nicht sicher bin, ob wir

in einem Jahr noch zusammen sind. Wie soll ich alle diese Unsicherheiten aushalten?"

„Unsicherheit gehört zum Leben", antwortete ich, „aber zwei solche Unsicherheiten, das ist sehr heftig."

Herr Huber nickte. Er schilderte in bewegenden Worten, wie sehr er sich in der beruflichen Krise einen Halt in seiner Ehe wünschte. Da seine Frau ihm aber diesen Halt nicht gab, gingen wir in der Phantasie auf die Suche nach anderen Personen, die ihn stützend begleiten könnten: Einen Freund, den er immer wieder anrufen und um Rat fragen könnte und der nicht ungeduldig würde, wenn er immer wieder dasselbe beklagt oder erfragt. Oder konnte Herr Huber sich einen Kontakt mit einem geschulten Gesprächspartner vorstellen, einem Therapeuten, einem Seelsorger vielleicht?

Wir sprachen auch über die Hilfe, die ihm eine spirituelle Vorstellung geben könnte.

„Ich denke an einen Schutzengel für Ihren Weg. Sicherlich werden Sie von einer guten Macht geschützt und begleitet, auch wenn Sie es manchmal nicht merken. Gott schickt uns hilfreiche Reisebegleiter für die gefahrvolle Reise des Lebens."

So näherten wir uns an die Lösung der Frage an, wie Herr Huber lernen könnte, mit seiner Angst zu leben.

Es war allerdings noch ein weiterer Schritt notwendig. Konnte Herr Huber sich entscheiden, das kreative Nichts zu akzeptieren und womöglich gar zu begrüßen, auch wenn es ihm Angst machte?

Leben bedeutet ja, sich zu entwickeln, sich ständig zu verändern. Und zu jeder Veränderung gehört auch eine Übergangszeit, in der das Alte schon nicht mehr gültig und das Neue noch nicht richtig erkennbar ist. Man befindet sich sozusagen in einer Art kreativem Nichts. Und dieses Nichts verursacht meistens Ängste. Um ein anderes Bild zu gebrauchen: Es ist wie in einem Gang, in dem alles noch dunkel ist, keine der Türen scheint offen zu sein, das Ziel ist nicht zu sehen. Und doch liegt hinter einer dieser Türen eine neue Chance, eine positive Veränderung.

Wer versucht, eine solche Situation auf jeden Fall zu vermeiden, der wird erstarren. Es kommt darauf an, dem Unbestimmten ein kreatives Potential zuzutrauen. Aus dem Chaos wächst neues Leben. Es kommt darauf an, eine solche Situation bildlich gesprochen zu umarmen, sie anzunehmen als etwas Gutes, was sie ja auch ist. Menschen, die große und kreative Leistungen vollbracht haben, haben oft sehr lange und heftige Zeiten von Verunsicherung und Chaos durchgemacht, haben sehr stark an sich selbst gezweifelt, haben oft nicht gewusst, wie es weitergehen wird. Aber dennoch haben sie den dunklen Gang ausgehalten, bevor sie ihren Weg fanden.

Mir fiel ein Bild aus der Bibel ein.

„Das ist im Kleinen so wie in der Schöpfungsgeschichte der Bibel", erklärte ich Herrn Huber. „Am Anfang ist die Erde wüst und leer, ein Tohuwabohu, wie die Bibel uns vor Augen malt. Und Gott lässt eine gute, schöne Welt heraus entstehen. Sie stehen mit Ihrem neuen Leben am Anfang. Aber auch daraus wird etwas Gutes entstehen."

Herr Huber war sehr nachdenklich. Ich hatte den Eindruck, dass er mit diesem biblischen Bild etwas anfangen konnte.

Ich fragte Herrn Huber, was denn das Beste wäre, was realistischerweise geschehen könnte. Er schilderte es mir. Und ich fragte ihn, was denn das Schlimmste sei, was realistischer Weise auf ihn zukommen könnte. Auch das malte er sich und mir aus. Ich fragte ihn, ob er beide Möglichkeiten annehmen könnte, auch die negative, wenn es denn so käme.

„Zur Not wohl ja, mir bleibt ja dann nichts anderes übrig", antwortete er.

„Und können Sie akzeptieren, dass Sie jetzt vorübergehend im kreativen Nichts sind? Können Sie jeden neuen Tag Ihres Lebens umarmen, auch wenn alles noch chaotisch erscheint?" fragte ich ihn.

„Ich will es versuchen", antwortete er.

Sicherheitsdenken

„Ihr Christen seid mir zu starr", sagt mir Herr Heise, ein Krankenhauspatient mit einer Suchtproblematik. Er lebt das Leben eines Künstlers, voller Kreativität, aber fast

immer nahe an der totalen Pleite. Dennoch wirkt er meistens irgendwie munter. „Mann, die ganze Welt ändert sich ständig, und ihr wollt immer, dass alles so bleibt wie es ist."

In den Bildern, die er malte, und in den Gipsskulpturen, die er formte, war immer viel Kraft erkennbar, viel Dynamik, kräftige Farben, extrovertierte Formen, die Bewegung signalisierten. Es schien ein unruhiger Geist zu sein. Andererseits neigte er dazu, sich mit Tabletten selbst zu beruhigen und letztendlich zu vergiften.

Er diskutierte und provozierte gerne. So nutzte er die Begegnung mit mir, um meine Vorstellung vom Christentum infrage zu stellen. Aber war es wirklich so, wie er sagte? Wollte ich als Christ, dass alles beim Alten bleibt und nur geringfügige Änderungen eintreten? Oder, wenn ich an meine Mitchristen dachte: War es tatsächlich so, dass sie ausgesprochen konservativ waren und jede Veränderung negativ bewerteten? Haben Christen tatsächlich häufiger als der Durchschnitt der Bevölkerung eine zwanghafte Persönlichkeitsstruktur und ersticken in ihren Ritualen, die sie nicht ablegen können? Diese Vorstellung von Religion als kollektiver Zwangsneurose ist ja schon bei Sigmund Freud zu finden.

„Mir fallen gerade so einige grundlegende Geschichten der Bibel ein", sagte ich Herrn Heise, „Geschichten, die Sie kennen. Da hat Abraham sein Vaterhauses und sein Vaterland verlassen, alle Sicherheiten sozusagen, und sich in eine völlig andere Welt aufgemacht. Oder ein anderes Beispiel: Das Volk Israel hat das Elend der Sklaverei in Ägypten verlassen und den beängstigenden und beschwerlichen Weg durch die Wüste auf sich genommen, vierzig Jahre lang. Noch ein Beispiel: Jesus hat kein festes Haus gehabt, nach eigener Aussage nicht einmal ein Kissen, um sein Haupt darauf zu legen. Er ist herumgewandert. Wir Christen haben doch lauter Vorbilder, die immer in Bewegung waren."

„Ja, aber ihr habt einen Gott, der will, dass immer die gleichen Gebote gelten, heute noch wie vor 2000 Jahren."

„Ich kann das nicht bestätigen", erwiderte ich, „das Christentum hat im Gegenteil die meisten Gesetze des Alten Testamentes abgeschafft und sich auf wenige Gebote konzentriert: zum Beispiel sind die ganzen Sabbatregeln ad acta gelegt worden. Das Christentum hat den Kern betont: die Nächstenliebe."

„Aber ihr wirkt oft so ängstlich, so auf Sicherheit bedacht", sagte Herr Heise mit einem spöttischen Gesicht.

„Sicherheit ist ja auch ein legitimes Bedürfnis. Sie kommt allerdings meiner Meinung nach nicht daher, dass alles in der gleichen Struktur bleibt, sondern sie kommt aus der Vorstellung, dass Gott mitgeht in die Veränderungen hinein. Gott geht mit, er geht sogar voraus, er ist Wolkensäule und Feuerschein bei der Wüstenwanderung, wie es in der Bibel heißt. Also dürften Christen eigentlich nicht starrer sein als andere Menschen, sind es im statistischen Mittel wahrscheinlich auch nicht."

„Man merkt euch die Freude am Aufbruch zu selten an", meinte Herr Heise.

„Kann sein", bestätigte ich, „und das ist schade. Aber noch etwas anderes: Reden wir einmal von Ihnen persönlich. Wo nehmen Sie denn ihre innere Festigkeit her, ihre innere Sicherheit?"

„Das ist doch klar", antwortete er mit einer Mischung aus Selbstkritik und Ironie in der Stimme, „Ich bin ein ziemlich haltloser Typ. Manchmal beneide ich euch sogar um eure Sicherheiten."

Wir mussten beide lachen.

„Der richtige Weg liegt wahrscheinlich in der Mitte zwischen Festhalten und Verändern", beschwichtigte ich.

Angst vor dem Leben

Frau Zittmann wohnt seit ihrer Geburt in demselben Haus. Sie hat als einzige Tochter das Haus von den Eltern übernommen und ist dort wohnen geblieben, als die Eltern starben. Sie hat sich auch nie ernsthaft auf einen Mann eingelassen und nur kurze Affären erlebt. Sie arbeitet in der Buchhaltung. Als dort eine neue Systematik eingeführt werden soll mit einem neuen EDV-Programm, wird sie krank.

Frau Zittmann hatte mich aufgesucht, um mir Ihre Sicht des Lebens darzustellen. Das ganze Leben war für sie gefährlich. Immer hatte sie sich mehr an das Vertraute gehalten, auch wenn es sie einschränkte, als an das unbekannte Glück.

Es gibt viele Menschen wie Frau Zittmann, denen jede Veränderung Angst macht. Dahinter steht letztendlich eine Angst vor dem Leben selbst. Denn zu leben bedeutet ja, ständigen Veränderungen ausgesetzt zu sein und dabei im verantwortlichen Maße Risiken einzugehen. Wenn es gut geht, dann wächst man seelisch an den Herausforderungen, die man auf sich nimmt.

Die Angst vor ständigem Wandel ist allerdings nachvollziehbar, da unsere Welt sich sehr schnell verändert, schneller als in früheren Zeiten. Das berührt auch rapide unsere Art zu leben und zu wirtschaften. Zurzeit wird Veränderung vor allem ausgelöst durch die Globalisierung.

Für Frau Zittmann war die Elektronik der letzte Auslöser ihrer Krankheit. Nichts ist mehr so, wie es war. Dabei kann einem leicht schwindelig werden. Fernreisen? Gefahr durch Terror. Onlinebanking? Gefahr durch Internetkriminalität. Tanzen gehen? Gefahr durch nächtliche Überfälle auf der Straße oder unehrliche Partner. Sexualität? Ganz gefährlich wegen möglicher Krankheiten und seelischer Verletzungen. Autofahren? Auch gefährlich, aber leider nicht zu vermeiden.

Im Laufe der Gespräche schälte sich heraus, dass Frau Zittmanns Angst auch etwas mit religiös begründeter Weltverneinung zu tun hatte. Die Welt ist böse, man soll sich von ihr fernhalten. Ihre Mutter hatte diese Haltung tief in ihr Denken eingepflanzt. Das wiederum hing mit den schrecklichen Erlebnissen zusammen, die sie im Krieg durchgemacht hatte und die sie traumatisiert hatten. Da war die Welt tatsächlich ein Ort voller Gefahr, viel mehr als heute in unserer Gesellschaft. Der bösen Welt hatte die Mutter dann die gute Welt der Religion gegenübergestellt.

Religiös gesehen werden in diesem Denken Gott und Welt in falscher Weise getrennt. Die Welt wird gottlos und Gott wird weltfremd. In Wirklichkeit ist aber unsere Welt nicht böse, sondern hat großartige, gute und schöne Seiten. Sie birgt nicht nur Gefahren, sondern ist auch ein wunderbarer Garten, in dem wir uns bewegen und uns entfalten können. Die Welt ist ein Geschenk, das wir erwandern, erfahren und auch gestalten können. Natürlich machen wir dabei Fehler, die manchmal auch schmerzliche Konsequenzen haben, aber wir können auch Großes zustandebringen.

Selbst die Angst, oder besser gesagt, die Vorsicht von Mutter und Tochter Zittmann hat ja ihre guten Seiten, kann vielleicht wirklich schützen. Aber bei Frau Zittmann war es ein Zuviel des Guten. Ihre Angst wurde nicht durch Mut und Abenteuerlust in der Waage gehalten.

Ich erzählte Frau Zittmann viel von dem Gott, der mit denjenigen Menschen mitgeht, die Risiken auf sich nehmen und sich verändern. Und ich erzählte ihr immer wieder davon, dass die Welt im Kern gut ist. Und das Leben ist sicher, heutzutage sicherer, als in jeder Generation vorher.

In vielen Gesprächen lernte Frau Zittmann, die Veränderungen zu begrüßen. Sie überwand sich und sprach mit ihren Vorgesetzten darüber, welche Hilfen sie noch benötigte, um mit dem neuen EDV-System umgehen zu lernen, und schließlich konnte sie sich auch dieser Entwicklung anpassen.

Dauerbeten

Frau Schneider betet ohne Punkt und Komma, bei jeder passenden und unpassenden Gelegenheit, entweder leise für sich selbst oder auch laut mit anderen zusammen. Es sind fast nur Dankgebete: „Danke für diesen Tag, danke für die Sonne am Morgen, danke für die frische Luft, für das Stück Brot in meinem Brotkasten, danke ...danke...danke..."

Frau Schneider war in den Fünfzigern, als ich sie kennen lernte. Sie betete auch mit mir, hatte nicht wie die meisten anderen Leute Hemmungen, vor anderen Leuten zu beten. Ihre Dankgebete waren endlos, sie waren wie ein immer wiederholtes Mantra, wie ein Singsang. Es gab einen bestimmten Rhythmus in ihrer Gebetssprache, ähnlich wie in der Melodie eines Kinderliedes. Ihr blieb kaum Zeit zum Luftholen zwischendurch. Und sie war sehr kreativ beim Betrachten all der Dinge, für die sie danken konnte.

Sie war eine alleinstehende Frau, die aus dem Osten kam. Sie hatte keine Verwandten und wenig Bekannte. Aber sie fand immer Hilfe. Sie fand leicht jemanden, der sie bei den notwendigen Gängen zu Ämtern unterstützte, damit sie an die ihr zustehende soziale Unterstützung kam. Wenn sie umziehen musste, dann fand sie Hilfe bei engagierten Christen aus der Gemeinde, die mit zupackten. Wenn es darum ging, ihre Wohnung zu renovieren, dann fand sich auch ein hilfsbereiter Rentner, der ihr ohne Bezahlung die Wände strich und noch eine Quelle auftat, wo er die Farbe für sie günstig einkaufen konnte.

Hin und wieder wurde sie selbst um Hilfe gebeten, zum Beispiel bei einem Gemeindefest am Kaffeestand zu bedienen. Allerdings funktionierte das sehr schlecht. Sie sagte zwar Ja, aber sie hielt sich nicht an Zeiten oder stellte sich ungeschickt an, so dass bald andere für sie einspringen mussten.

So kam es auch, dass der eine oder andere sich über sie ärgerte. Die meisten aber bewunderten sie oder staunten über ihre Frömmigkeit und ihre eigenwillige Lebensweise. Man ging mit ihr um wie mit einer verschrobenen Heiligen, mal bewundernd, mal kopfschüttelnd.

Was tat Frau Schneider eigentlich? Was trieb sie zu ihrem Dauerdankgebet?

Ihr Gebetsritual verfolgte sie mit einer solchen Energie, dass ich dahinter nicht nur eine Willensentscheidung vermutete, sondern eine seelische Notwendigkeit. Ich glaube, sie bekämpfte ihre Angst durch dauerndes Beten. Ich befürchte, dass sie sich – zu Recht oder zu Unrecht – als wenig lebensfähig empfand, als irgendwie hilflos, und dieses Gefühl durch das ständige Danken überbrückte. Sie half sich seelisch durch das ständige Gebet, um sich nicht als defizitär empfinden zu müssen. Sie lebte in einer glücklichen, rhythmisch gegliederten Welt der Kommunikation mit Gott und der Fixierung auf Positives.

Und sie hatte durchaus eine positive Rolle für ihre Umgebung. Sie brachte ihre Mitmenschen dazu, immer mal wieder darüber nachzudenken, wofür sie zu danken hatten. Wer mit ihr zu tun hatte, nahm sein alltägliches Glück nicht so selbstverständlich, kam selbst wenigstens hin und wieder in eine meditative Haltung und entdeckte manchmal, dass es im Leben doch manches gab, über das man sich freuen konnte.

Frau Schneiders Beten half nicht nur ihr selbst, ihr Leiden an ihren eigenen Defiziten und der feindlichen Welt zu vermindern, es verhalf auch ihren Mitmenschen zu etwas mehr Lebensqualität.

Meine brüchige Welt

Ein älterer Herr spricht mich auf dem Krankenhausgang an: „Ich bin schon ziemlich alt. Und der Körper will nicht mehr so, wie ich will. Ich kann mich nicht mehr bücken und Treppensteigen ist auch schon eine Herausforderung. Aber was das Schlimmste ist: Meine Freunde sterben weg, sogar meine Frau ist schon gestorben. Meine Welt wird brüchig. Mir war immer Sicherheit wichtig, jetzt geht sie verloren."

Wie ich ihn da so stehen sah, eher klein und ein bisschen angeschlagen, tat er mir leid. Ich fragte ihn: „Was für ein Gefühl kommt denn bei Ihnen auf?"

„Eine Art Traurigkeit", antwortete er, „und, ja das muss ich zugeben, auch Angst. Mir war immer Verlässlichkeit wichtig. Die Beziehung zu meiner Frau aufs Spiel zu stellen, das wäre mir nie eingefallen. Und auch meine Freundschaften haben Jahrzehnte lang gehalten. Ich habe vierzig Jahre in derselben Firma gearbeitet, sie hieß nur zwischendurch immer anders.

Aber jetzt kommt etwas Unbekanntes in mein Leben hinein. Es geht irgendwie zu Ende. Alles bricht weg. Ich habe Angst zu vereinsamen."

Ich nickte verständnisvoll.

„Gibt es denn etwas Verlässliches für Sie, das über die irdischen Sicherheiten hinausgeht?" frage ich ihn.

Er guckte mich groß an.

„Eine Beziehung, die bleibt, wenn andere Beziehungen zuende gehen?" konkretisierte ich meine Frage. Er gab zunächst keine Antwort.

Alter bedeutet ja tatsächlich oft Beziehungsabbruch. Aber wir tun uns nichts Gutes, wenn wir immer nur an einen Verlust denken, statt an eine Hoffnung, die darüber hinausträgt.

Diese Hoffnung kann durchaus darin bestehen, dass man sich in einer Identifikation mit seinen Kindern an deren Leben freut. Sie kann auch darin bestehen, dass man etwas Bleibendes geschaffen hat. Es ist aber auch gut, sich vorzustellen, dass da eine Beziehung zum Absoluten bleibt, ein Gehaltensein durch die ewige Kraft des Seins, durch Gott, wie immer man sich das vorstellt.

Für den einen bedeutet das ganz bildhaft: In einer anderen Welt, in Licht und Schönheit zu existieren in der Nähe eines liebevollen Vaters oder einer liebevollen Mutter. Wir wissen, dass das unsere subjektiven Bilder sind, die die Wirklichkeit eines jenseitigen Lebens nicht erreichen, aber solche Bilder tun gut.

Für sehr viele ist es ein guter Gedanke, in der anderen Welt die geliebten Angehörigen wiederzufinden. Man braucht sie gar nicht groß zu suchen, sie kommen einem entgegen mit offenen Armen und dem Satz auf den Lippen: „Endlich bist du hier."

Für mache ist dieses Gottvertrauen abstrakter. Eine Umwandlung in Energie, ein Lichtwerden im Licht.

Wieder andere haben da eine akustische Vorstellung. Sie hören eine liebevolle weibliche oder männliche Stimme, die ihren Namen sagt und eine Ermutigung dazu: „Halt durch, denn du bist gesegnet. Und genieße deine Tage, so gut es geht."

Eine Beziehung, ein Bild, eine Stimme, ein Gedanke, der über die Brüchigkeit unseres Lebens hinausträgt.

Der ältere Herr sagte nach unserem Gespräch, er werde sich jetzt die Zeit nehmen, um herauszufinden, welche Vorstellungen vom Jenseits ihm gut tun würden. „Aber ist es nicht eine Art Selbstbetrug, in solchen Bildern zu schwelgen, weil das alles gar keine Wirklichkeit ist?" fragte er mich.

„Seien Sie da nicht zu kritisch", antwortete ich ihm. „Wirklich ist, was in ihrer Seele wirkt."

„Ich werde über das Jenseits nachdenken", sagte er.

„Das Jenseits, wie Sie es sich wünschen", konkretisierte ich. „Aber denken Sie nicht nur nach! Das klingt so kopflastig. Träumen Sie davon, lassen Sie ihre Traumbilder kommen!"

Kapitel 5
Erschöpfung und neue Energie

Es wird heutzutage anscheinend immer schwieriger, in sich zu ruhen und sein Leben in aller Gelassenheit zu genießen. Die große Mehrheit der Menschen fühlt sich ständig angetrieben, ständig aufgefordert, das eigene Leben zu optimieren. Wir werden ununterbrochen mit der Botschaft beeinflusst, dass uns etwas zum Glück fehlt.

Erschöpfung und Burnout haben ihre Ursache nicht nur in verdichteten Arbeitsanforderungen, sondern auch in dieser allgegenwärtigen Optimierungsbotschaft, die letztlich doch nur unzufrieden macht.

In der Seelsorge für Erschöpfte kommt es meiner Meinung nach zunächst darauf an, dass die Betroffenen sich neu akzeptieren und zu lieben lernen. Nicht weil sie so viel geleistet haben, sind sie liebenswert, sondern diese Liebe kommt aus einer anderen Dimension, aus der Quelle aller Liebe. Immer wieder stellt sich heraus, dass eine Umkehr der Blickrichtung notwendig ist: Nicht mehr darauf zu gucken, was fehlt, sondern darauf, was alles an Gutem schon da ist.

Es sind berührende Augenblicke, wenn jemand in einem Seelsorgegespräch seine inneren Bilder der Ruhe wiederentdeckt oder wenn ihm neue wirksame Bilder der Ruhe geschenkt werden. Da wird die längst verstorbene Großmutter am Herd auf einmal wichtig, oder der Baum, der hinter dem Elternhaus stand. Es kommt sicherlich auch darauf an, sich vor dem Informationsmüll zu schützen, der täglich auf uns einprasselt. Dabei können körperliche Übungen, wie zum Beispiel ein meditativer Spaziergang, kleine Wunder tun.

Und wenn ich meine Bedürfnisse ständig ignoriere und mit Stress überspiele? Meist gibt dann der Körper unmissverständliche Signale, ja manchmal trägt dann paradoxerweise eine Krankheit zu meiner Gesundung bei.

Bilder der Ruhe

Frau Hillich erscheint mir unheimlich umtriebig. Sie arbeitet in politischen Gremien mit, klagt aber gleichzeitig darüber, wie stark diese von "Selbstdarstellern" geprägt sind. Sie kümmert sich um die Verwaltung eines Mietshauses. Sie betreut einen hilfsbedürftigen Ehemann zu Hause. Sie leidet gleichzeitig an einem Erschöpfungssyndrom. Sie hat oft das Gefühl, nicht mehr zu können. Aber neue Aufgaben reizen sie. Sie will, dass es überall gerecht zugeht und dass die Leute etwas in Bewegung bringen.

„Sie sind eine Macherin und bringen viel Gutes zustande." Das ist das erste, was ich als Seelsorger dieser Frau sagte. Und ich ergänzte: „Wissen Sie, dass Sie beim lieben Gott schon längst einen Stein im Brett haben?"
Sie schmunzelte. Dann fuhr ich fort und erklärte ihr, dass sie meiner Meinung nach keine neuen Aufgaben bräuchte,

davon habe sie schon zu viele. „Sie brauchen in Wirklichkeit innere Bilder einer gottgeschenkten Ruhe."

Das klang nun ein bisschen hölzern, und Frau Hillich bat um eine Erklärung.

Innere Bilder: Unsere Seele erinnert oder produziert ständig Bilder. Vorstellungen von möglichen Katastrophen, Kränkungen oder schweren Herausforderungen machen Angst und treiben uns an. Andere Vorstellungen beruhigen: Der stressfreie Spaziergang, das Bad im warmen Wasser oder das Gehaltenwerden im Arm eines geliebten Menschen: Sich das vorzustellen, beruhigt.

Unsere Umgebung ist nicht immer entspannend. Aber innere Bilder sind immer und überall abrufbar. Man kann auch in einer lärmenden Straßenbahn sein und sich in der Phantasie in eine ruhige Umgebung versetzen.

Innere Bilder sind genauso wirksam oder fast genauso wirksam wie äußere Umstände. Wenn sie öfter wiederholt werden, werden sie Wirklichkeiten, denn sie wirken. Spiritualität kann man als einen Teilbereich im großen Land der inneren Bilder verstehen.

Die ganze Hektik und Umtriebigkeit unserer Zeit hat unter anderem mit dem Verlust oder dem Verblassen heilsamer innerer Bilder zu tun. Auch die Tendenz unserer Gesellschaft zu süchtigem Verhalten, zur Übertreibung, zur Gier liegt nicht nur an der Dynamik der Kapitalwirtschaft, sondern auch an dem Verlust beruhigender innerer Bilder.

Für Frau Hillich war es wichtig, diese Bilder von Harmonie und Ruhe wieder zu entdecken.

„Was muss ich denn noch alles tun, um endlich Ruhe zu finden?" fragte sie mich.

Mir fiel das witzige und für unsere Zeit so typische Gebet ein: „Lieber Gott, gib mir Geduld, aber ein bisschen plötzlich!"

Wir lachten.

„Die Ruhe ist ein Geschenk, eine Gabe des Lebens oder Gottes, wie Sie wollen. Sie kommt nicht durch Arbeit, sondern im Loslassen", antwortete ich. „Es ist eine gottgeschenkte Ruhe."

Es ist wichtig, sich vorzustellen, dass man sich diese Ruhe nicht erarbeiten muss, nicht verdienen, sondern dass sie schon da ist. Sie winkt auch nicht als Belohnung in der Zukunft, wenn man diese oder jene Aufgabe noch hinter sich gebracht hat. Sie ist einfach so da. Es ist keine geplante Ruhe, sondern eine tatsächlich jetzt vorhandene, die auf mich einwirkt, wenn ich es zulasse.

Viele Menschen machen sich diese Ruhe zunichte, indem sie sich sagen: Ich muss erst alles erledigt haben, dann darf ich mich ausruhen. Nein, kein Mensch kann alles erledigen. Es ist okay, die Ruhe auf mich wirken zu lassen, selbst wenn es an vielen Stellen auf der Welt an Gerechtigkeit fehlt und viele offene Aufgaben vorhanden sind.

Ja, bei nicht wenigen Menschen geht es noch einen Schritt weiter. Sie denken: Ich bin nicht okay, wenn noch

Unerledigtes da ist. Sie akzeptieren sich selbst nicht so, wie sie sind.

Menschen, die diese Selbstbejahung nicht gefunden haben, sind oft sehr umtriebig, wissen nicht, wo und wie sie suchen sollen, bringen Erstaunliches zustande, aber verzetteln sich auch oft.

Ich habe mich mit Frau Hillich hingesetzt. Wir haben in ihrer Erinnerung nach Bildern der Ruhe gesucht. Frau Hillich fand eine Szene, die sie als Kind erlebt hatte. Da saß sie mit ihrer Großmutter in der Küche, auf dem Herd kochte eine Suppe, die Großmutter schnitt Gemüse, sie summte ein Lied. Und Frau Hillich als vielleicht dreijähriges Mädchen durfte einfach dabei sein und mit ihrer Puppe spielen.

Ich fragte Frau Hillich, ob sie sich an das Lied erinnern könne und sie kam auf den Titel. Es war „Großer Gott, wir loben dich", ein religiöses Lied.

Ich gab Frau Hillich den Auftrag: „Immer wenn Sie diesen Tatendrang spüren, immer wenn neue Aufgaben und Herausforderungen da sind, dann sollte Sie sich fünf Minuten irgendwo hinsetzen, sich die Szene mit der Großmutter vor Augen stellen und das entsprechende religiöse Lied summen. Und danach können Sie sich ganz gelassen mit jemandem beraten, ob Sie bestimmte Aufgaben wirklich übernehmen wollen oder nicht."

Zeiträuber

Frau Wiedemann ist eine praktisch veranlagte, mitten im Leben stehende Frau von ungefähr 50 Jahren. Ihr Leben ist allerdings in der letzten Zeit erschüttert worden, weil ihr Lebenspartner schwer an Krebs erkrankte. Die Situation war lebensbedrohlich und erforderte ihren vollen Einsatz. Ihr Arbeitgeber willigte zum Glück ein, dass sie sich eine mehrmonatige berufliche Auszeit nahm.

„Ich bin in vieler Hinsicht ungeduldiger geworden als vorher", sagte sie bei einem Seelsorgegespräch im Krankenhaus, nachdem sie ihren Mann dort besucht hatte. Es gibt so viel Unnützliches, so viel, was einen nur ablenkt und von der eigentlichen Aufgabe abbringt.

„Was meinen Sie mit der eigentlichen Aufgabe?" fragte ich zurück.

„Dass wir uns in der Not beistehen", erklärte sie und fuhr dann fort: „Die Zeiträuber sind überall. Manche Themen, die in der Öffentlichkeit so heiß diskutiert werden, sind in Wirklichkeit banal und nichtssagend, nur Schall und Rauch. Und womit die Leute alle ihre Zeit totschlagen! Dabei ist Zeit doch unser kostbarstes Gut."

Sie hatte in der Begleitung ihres lebensbedrohlich erkrankten Mannes eine andere Einstellung zum Leben entwickelt. Sie hatte unterscheiden gelernt zwischen Ablenkung beziehungsweise Zerstreuung und echtem Leben.

Sie erzählte mir, dass sie die meisten Fernsehsendungen nicht mehr mochte, auch viele TV-Diskussionen nicht.

„Ich kann bei Manchem, worüber die Leute sich so furchtbar aufregen, nicht mehr nachvollziehen, warum das so schlimm sein soll. Ja, es gibt viel künstlich hochgepuschte, falsche Empörung heutzutage."

Sie wollte sich die Zeit nicht mehr rauben lassen.

„Die Zeit, wo wir einander helfen können, ist begrenzt, das habe ich während der Erkrankung meines Partners immer wieder gedacht und auch erfahren."

Sie berichtete mir, dass der Krebs Ihres Mannes fürs erste überwunden zu sein schien und die Aussicht auf einige weitere gemeinsame Jahre gut war. Die Partnerschaft sei viel tiefer und inniger geworden während der Krisenzeit, sie hätten auch im Gegensatz zu manchen anderen Paaren immer über die Erkrankung und über ihre Ängste sprechen können.

Nicht selten gibt es Seelsorgegespräche, in dem man als Pfarrer oder Pfarrerin nicht viel zu sagen braucht, sondern beschenkt wird dadurch, dass andere ihr Erleben mitteilen. Die Begegnung mit Frau Wiedemann war ein solches Gespräch.

„Es ist wie bei einem Metall, das durch das Feuer geht und darin gereinigt und veredelt wird. So hat die Krisenzeit unsere Partnerschaft und mich von allem möglichen Schrott gereinigt", stellte sie am Schluss fest.

Wie klug, dachte ich, dieses Bild vom reinigenden Feuer gibt es doch schon in der Bibel.

Tee trinken

Krumm steht er da, der Herr Kosak, von der vielen Arbeit im Tiefbau hat sein Rücken gelitten. Sitzen kann er nur sehr kurz, denn beim Sitzen tut ihm der Rücken mehr weh als beim Stehen. Seine Haut schält sich an den Händen, Armen und sogar im Gesicht: Neurodermitis. Seine Stimme klingt nach kaum gebändigter Wut. Kollegen, die mit ihm zusammenarbeiten sollten, haben ihn im Stich gelassen. Und der Chef macht immerzu Stress.

Ich war gerade an diesem Tag selbst unter Druck, hatte am Nachmittag einen Vortrag zu halten. Mit den Vorbereitungen war ich eigentlich schon fertig, kam aber gedanklich nicht von dieser Herausforderung los und überlegte immer wieder, was ich für den Nachmittag noch berücksichtigen müsste. Ich war innerlich unter Dampf, obwohl von der Sache her alles getan war. Ich erklärte Herrn Kosak meine Situationen und bat ihn vorsichtshalber um Entschuldigung, wenn ich nicht so gut zuhören könne wie sonst. Aber ich wäre gerne bereit, mit ihm zu sprechen.

Er erzählte mir von seiner Wut, von den Arbeitsbedingungen bei seiner Firma, die ihn völlig fertig machten. Er erzählte von seinen Überlegungen, wie man auf andere Weise mehr Geld reinholen könne. Sich selbstständig machen, für Privatleute den Vorgarten pflastern, da könne man viel mehr herausholen. Es sei aber noch anstrengender für den Rücken als das, was er jetzt tue. Er erzählte von seinem Arzt, über den er sich so geärgert habe, von seiner Frau, die ihn mahnt, von seinen Kindern, die ja schließlich auch was zu essen haben wollten und Geld für den Schulausflug. Zwischendurch stand er immer wieder auf und streckte seinen Rücken.

Dann sprudelten wieder Ideen aus ihm heraus, wie man noch ein bisschen Geld verdienen könnte: In der Freizeit Vogelhäuschen bauen und dann irgendwie auf dem Wochenmarkt verhökern. „Es liegt ja überall so viel Abfallholz herum, daraus kann man noch etwas machen."

Ich hörte mir das eine ganze Weile an. Dann hatte ich eine Idee.

Ich machte ihm einen Vorschlag: „Kommen Sie, wir machen einen Spaziergang durch den Park und trinken dann einen Tee in der Cafeteria", sagte ich.

So taten wir es denn auch.

„Und lassen Sie uns während des Gehens nicht über unsere Probleme reden, nicht über meinen Vortrag, nicht über Ihre Geldsorgen! Lassen Sie uns lieber unsere Umgebung anschauen, einfach wahrnehmen, was hier im Park los ist!"

Der Spaziergang tat uns beiden gut. Und der heiße Tee danach auch.

Ich wusste da noch gar nicht, was ich mit diesem simplen Vorschlag ausgelöst hatte.

Denn Herr Kosak sprach mich jahrelang immer wieder darauf an.

„Da sind Sie selbst im Stress gewesen und haben einfach einen Spaziergang gemacht und mich zum Tee eingeladen", sagte er mehrfach. Und ein andermal: „Ich mach das jetzt auch so, wenigstens manchmal. Wenn der Stress zu groß wird, halte ich mich daran: Einfach Tee trinken und ein paar Schritte gehen."

Ich war für ihn zum Vorbild geworden. Er gönnte sich tatsächlich hin und wieder mal eine kleine Auszeit, nicht so viel, wie nötig gewesen wäre, aber immerhin.

Etwas ganz Anderes tun, etwas Zweckfreies, raus aus der Fixierung auf einen bestimmten Gedanken, sich unterbrechen lassen, darum geht es. Man kann den Spaziergang auch mit einer Atemübung, einer Meditation oder einem Gebet begleiten und ihm so noch stärker den Charakter der Unterbrechung geben. Ein spirituelles Ritual, um aus dem Stress auszusteigen, sollte jeder für sich finden. Und Teetrinken kann man auch zu einer kleinen Zeremonie oder einer Huldigung an das Leben ausbauen.

In der Erinnerung von Herrn Kosak war ich ab jetzt immer der, der bei Stress Tee trinken geht, und der daran glaubt, dass der liebe Gott ihm irgendwie weiterhilft.

Loslassen

„Wenn ich einen Moment stillsitze, merke ich, wie mein Herz rast", klagt mir Frau Rettig ihr Leid. „Mein Sohn ist in Afghanistan, und ich habe immer Angst, dass ihm etwas passiert."

Frau Rettig hatte es sich zur Angewohnheit gemacht, täglich mehrere Stunden verschiedene Zeitungen und das Internet nach Nachrichten aus dem Kriegsgebiet zu durchforsten, immer in der Angst, da könnte etwas gemeldet werden, was ihren Sohn beträfe. Einmal in der Woche telefonierte sie mit ihm.

„Es ehrt Sie, dass Sie Ihren Sohn so lieb haben. Die Angst ist ja die Kehrseite der Liebe. Nur wenn Sie ihn nicht lieben würden, bräuchten Sie keine Angst zu haben", gab ich ihr zu verstehen.

Sie nickte. Meine positive Sicht auf die Angst tat ihr gut.

„Aber eine andere Frage: Was tun Sie denn sonst tagsüber?" fuhr ich fort.

„Nun, ich mache meinen Haushalt, mehr recht als schlecht. Ich warte darauf, dass mein Partner von der Arbeit nach Hause kommt und ich ihm von meinen Ängsten erzählen kann. Ehrlich gesagt reagiert er schon sehr genervt, wenn ich mit meiner Sorge anfange."

„Besuchen Sie zwischendurch mal eine Freundin. oder gehen mal gemütlich shoppen, oder treffen sich mit jemandem in der Eisdiele oder etwas Ähnliches?"

Frau Rettig schüttelte den Kopf.

„Ich habe eine Frage an Sie: Nehmen Sie einmal an, Ihr Sohn wäre hundert Prozent in Sicherheit, was würden Sie dann tun? Ich meine, für sich selbst tun?"

Frau Rettig überlegte eine Weile und sagte dann: „Ich könnte ein paar neue Sommerkleider gebrauchen. Ich würde mal in Ruhe einkaufen gehen."

Ich nickte.

„Dann bitte ich Sie, tun Sie das! Gehen Sie mal einkaufen! Ihrem Sohn zuliebe. Der würde bestimmt nicht wollen, dass Sie vor Angst gelähmt sind, der wäre bestimmt dafür, dass Sie sich etwas Schönes gönnen."

„Aber wie kann ich das, wenn ich doch dauernd an ihn denken muss?" stöhnte Frau Rettig.

„Folgendes: Stellen Sie sich vor, es gibt eine schützende Kraft, eine große Energie, die Ihrem Sohn behütet, so ähnlich wie ein Schutzengel. Können Sie sich das vorstellen?"

Frau Rettig nickte langsam.

Ich ging mit ihr tief in diese Vorstellung hinein, fragte Sie nach dem Aussehen dieser Kraft, nach kleinen Wirkungen, die sie schon mal erlebt hatte. Ich tat alles, damit ihr diese Vorstellung wirklich plastisch wurde.

Dann sagte ich: „Stellen Sie sich vor, diese Kraft ist am Werke, unabhängig von dem, was Sie tun. Trotzdem können Sie alles noch klarer machen, wenn Sie in eine Kirche gehen, eine Kerze für Ihren Sohn aufstellen und ein Gebet für ihn sprechen. Etwa so: Ich habe getan, was ich konnte, um meinen Sohn zu schützen, jetzt hilf ihm du, ewiger Gott. Ich lasse ihn jetzt los, sei du für ihn da. Und nachdem Sie so oder so ähnlich gebetet haben, lassen Sie ihn wirklich los und tun das, was Sie tun würden, wenn er völlig in Sicherheit wäre."

„Okay." Frau Rettig überlegte eine Weile und setzte dann hinzu: „Ich will es versuchen."

Totale Sicherheit gibt es nicht und in Kriegsgebieten schon gar nicht. Wie soll man damit umgehen? Wenn es darum geht, tatsächlich das Leben von Soldaten und Zivilisten zu schützen, dann wird man ganz andere Überlegungen anstellen müssen als Kerzen in einer Kirche aufzustellen, globale politische Überlegungen zum Beispiel. Aber darum ging es bei der Begegnung mit Frau Rettig nicht. Bei ihr ging es darum, dass sie sich aus einem Kreislauf der Angst befreite, damit sie sich nicht selbst ihr Leben verleidete – ohne doch wirklich die Situation des Sohnes verbessern zu können. Für eine solche Befreiung hilft sehr oft die Vorstellung einer schützenden Energie oder eines Schutzengels. Wir haben das Schicksal nur in sehr geringem Umfang in der Hand. Wir kommen um das Loslassen nicht herum. Da ist es rein subjektiv gesehen hilfreicher, sich eine liebevolle, schützende Macht vorzustellen, als sich immer nur die möglichen Katastrophen auszumalen.

Frau Rettig sagte mir später, dass sie tatsächlich einen Einkaufsbummel gemacht hatte und dass es ihr gut getan hatte. Völlig unabhängig davon, ob Ihr Sohn nun heil aus Afghanistan zurückkehren würde oder nicht, ihr persönlich hatte die Vorstellung einer schützenden Energie gut getan.

Mit der Krankheit, nicht dagegen

Frau Schnell kann nach einer Augenoperation nur noch sehr eingeschränkt sehen. Obwohl ihre Augen noch keineswegs wieder in Ordnung sind, geht sie nach 4 Wochen wieder an ihren Arbeitsplatz in einem Wohnheim für Behinderte. Nach ein paar Tagen stürzt sie dort von einer Leiter und zieht sich einen Bänderriss am Fuß zu. „Ich habe so ein Pech dieses Jahr, zwei schwere Erkrankungen gleichzeitig", sagt sie.

Wenn eine Krankheit uns heimsucht, dann ist meist der erste Impuls, gegen die Krankheit anzukämpfen, sich nicht unterkriegen zu lassen, trotzdem seinen Alltag zu bewältigen, am besten in genau demselben Maße wie vorher. Durchhalten, Zähne zusammenbeißen! Was den Indianer oder die Indianerin nicht umbringt, macht ihn oder sie hart. Dieser Kampf gegen die Krankheit ist auch oft richtig, aber nicht immer. Manchmal kommt es eher darauf an, sich mit der Krankheit zu arrangieren, mit ihr zu leben, um so wieder neu Boden unter die Füße zu bekommen.

Frau Schnell hatte sich übernommen, mit ihrer Sehschwäche hätte sie wohl nicht an ihren Arbeitsplatz zurückgedurft. Oder sie hätte dort höchstens sehr eingeschränkt arbeiten und nicht auf Leitern steigen dürfen. Aber sie hielt die erzwungene Untätigkeit nicht aus.

Sie lebte gegen, statt mit ihrer Einschränkung.

Es gibt viele Erkrankungen, bei denen es darauf ankommt, mit ihnen statt gegen sie zu leben. Das ist zum Beispiel der Fall, wenn eine Krankheit nicht wie ein Betriebsunfall erscheint, sondern wie ein heilsames Signal des Körpers, dass es an der Zeit ist, eine Pause zu machen oder gar grundlegend etwas in der Lebensweise zu ändern.

Krankheiten kommen fast immer im falschen Moment, fast immer ungelegen, jedenfalls oberflächlich gesehen. In einem tieferen Sinne stellt sich manchmal heraus, dass sie für die Persönlichkeitsentwicklung notwendig waren. Das gilt nicht für alle Erkrankungen, einem Leukämiekranken würde man diesen Gedanken nicht zumuten, aber einer berufstätigen Hausfrau und alleinerziehenden Mutter, die außerdem ehrenamtlich tätig ist und die Rückenschmerzen bekommt, eher ja.

Vielleicht kann ich für die eine oder andere Krankheit sogar dankbar sein, wenigstens im Nachhinein, wenn ich verstanden habe, was sie mir sagen wollte. Dankbar kann man auch werden im Blick auf die vielen Lebensmöglichkeiten, die trotz der Einschränkungen bleiben.

Frau Schnell ließ sich mit eingeschränkter Sehfähigkeit und schwerverletztem Fuß notgedrungen wieder krankschreiben. Sie suchte sich therapeutische Gespräche und überdachte noch einmal ihre Lebenssituation. Sie lebte tatsächlich nachher langsamer.

„Die Krankheit hat mein Leben verändert", berichtete sie mir später einmal. „Sie war letztlich nicht zu meinem Schaden, sie war in einer Art auch zu meinem Guten."

Schlaflos

„Ich kann in letzter Zeit so sehr schlecht schlafen. Nachts wälze ich mich im Bett hin und her, voller Panik, ob ich den nächsten Tag durchstehen werde, tagsüber bin ich dann müde und gereizt."

Es war die Leiterin einer sozialen Einrichtung, die mir das erzählte. Es ging ihr schon seit zwei bis drei Monaten so, dass sie viel zu wenig schlief. Schlafmittel wollte sie nicht nehmen, um nicht von ihnen abhängig zu werden.

Ich fragte sie, ob es besondere Situationen in ihrem beruflichen oder privaten Leben gäbe, Dinge, die ihr nachhaltig Stress oder Angst machen. Aber die Belastungen in ihrer Einrichtung waren chronisch sehr hoch, es gab eigentlich nichts Neues. Und auch im privaten Leben war nicht erkennbar, dass ihre Schlafprobleme durch eine besondere Situation ausgelöst worden wäre.

Schlafprobleme nehmen in unserer Zeit rapide zu, und das könnte mit der ständigen Überreizung durch die vielen Bildschirme und die damit verbundene Informationsflut zusammenhängen. Auch an der ständigen Erreichbarkeit durch Handy und Email. Alles, was unser Gehirn an Reizen aufnimmt, muss es auch verarbeiten, und dieser Input an Informationen scheint immer größer und belastender zu werden.

Nun gibt es in Bezug auf den Schlaf ein paar einfache Ratschläge, die Menschen mit leichten Schlafproblemen helfen könnten. Dazu gehört, nicht allzu viel Alkohol vor dem Einschlafen zu trinken, denn sonst sinkt der Mensch zwar in eine Art Betäubungszustand, aber die erholsame Qualität des Schlafes kommt verspätet zustande. Genauso wichtig ist, abends auf zu schweres Essen oder anregende Getränke zu verzichten.

Dann kommt es darauf an, sein Schlafzimmer beruhigend zu gestalten. Symbole der Arbeit, der Computer, der Schreibtisch und Ähnliches gehören nach Möglichkeit nicht dorthin. Sie erschweren das Loslassen des Schlafes. Es kommt auch darauf an, wie man die letzte halbe Stunde vor dem Einschlafen gestaltet. Wer eine aufwühlende Fernsehdiskussion oder einen beängstigenden Film gesehen hat, kann nicht sofort in die Ruhe des Schlafes finden. Also ist es sinnvoller, vor dem Einschlafen noch eine ruhige Zeit einzulegen, vielleicht etwas Meditatives zu lesen, vielleicht den Tag noch einmal an sich vorüberziehen zu lassen und zu überlegen, wofür man an diesem Tag dankbar sein kann.

Auch Loslassworte oder Loslassgebete helfen sehr, den Übergang zu gestalten: „Lieber Gott, nimm es mir diese Nacht ab, was mich belastet und gibt mir morgen die Kraft, das Meinige zu tun." Ein Loslassgebet ist auch die einfache Bitte aus dem Vaterunser: „Dein Wille geschehe". Wichtig ist auch, sich Bilder der Geborgenheit innerlich wachzurufen, Bilder von dem Ort an dem man sich gut und sicher fühlt und wo die eigenen Wünsche in Erfüllung gehen.

Was ist, wenn man trotzdem nicht schlafen kann? Dann ist es besser, auch mitten in der Nacht aufzustehen, sich in einen nur schwach beleuchteten Raum zu setzen, denn helles Licht stimmt den Körper auf Tag ein, vielleicht seine Gedanken aufzuschreiben oder irgendetwas Beruhigendes zu tun, bis man wieder die Müdigkeit spürt und aufs Neue einen Schlafversuch im Bett machen kann.

Bei der Leiterin der sozialen Einrichtung brachte das alles noch nicht den vollen Erfolg. So ging sie mit ihrem Problem zum Arzt und in ein Schlaflabor, wo schließlich ein medizinischer Grund ihrer Schlaflosigkeit gefunden wurde.

Wache und bete

"Ich schlafe jede Nacht nur etwa drei Stunden", sagt die alte Dame, *"dann liege ich wach und gucke in die Dunkelheit hinein. Es will einfach kein Schlaf mehr kommen."*

„Dann müssen Sie ja tagsüber ganz kaputt sein, völlig übermüdet", antwortete ich mitleidig.

„Es geht, ich schaffe tagsüber alles, was ich will." Die 90jährige strich sich über das graue Haar. „Ich habe genug

Energie, um mich zu waschen, anzuziehen, mir etwas zum Essen zu machen und auch zu telefonieren."

„Legen Sie sich den mittags wieder hin?"

„Nein, ich schlafe mittags nicht. Da höre ich immer das politische Magazin im Radio."

„Aber wenn Sie da so wach liegen mitten in der Nacht, im Dunkeln, Stunde für Stunde, ist das nicht ein furchtbares Gefühl?"

„Nein, es ist gar nicht so schlecht."

„Ich meine", insistierte ich, „die Zeit vergeht dann doch schrecklich langsam und man kann gar nichts großartig machen und hat vielleicht noch Angst vor dem kommenden Tag. Ich stelle mir vor: Da fängt man an, Gespenster zu sehen und sich alles negativ vorzustellen."

„Nein", sagte die alte Dame, „so ist es nicht."

Und dann fügte die alte Dame etwas hinzu, was mich verblüffte und sogar ein bisschen beschämte, weil es in meiner Phantasie gar nicht vorgekommen war.

„Wissen Sie, was ich da nachts mache, wenn ich wach im Bett liege und kann nicht schlafen? Ich bete, erst für alles, wofür ich zu danken habe. Und dann bete ich für meine Familie, für die Kinder und Schwiegerkinder, die Enkel und das kleine Urenkelchen, für alle einzeln. Ich stelle mir vor, dass es ihnen gut geht. Ich male mir aus, wie sie ihr junges Leben genießen. Und ich wiederhole das die ganze Nacht lang."

Was hatte ich doch für eine begrenzte Phantasie, dass ich nur an negative Gedanken gedacht hatte, die einem nachts in der Schlaflosigkeit kommen, nicht an eine so positive Möglichkeit. Indem die alte Dame betete, hielt sie die negativen Bilder von sich fern und stärkte ihr Gottvertrauen. Im Gebet für ihre Familie tat sie sich selbst etwas Gutes. Und übte sich gleichzeitig darin, die liebevolle Großmutter und Urgroßmutter zu sein.

„Wachet und betet!" lautet eine Aufforderung in der Bibel. Ich habe sie früher immer als eine Art Selbstkasteiung verstanden, als stünde da: Gebt ja nicht Eurem Schlafbedürfnis nach! Seit diesem Gespräch höre ich den Satz ganz anders: Wenn ihr nachts wach seid, dann betet und macht euch positive Gedankenbilder. Das ist eine Möglichkeit, euch zu schützen vor Angst und negativen Gedanken.

Burnout

Herr Osborn, ein vierzigjähriger Mitarbeiter eines Software-Dienstleisters ist an Burnout erkrankt. Nur zufällig läuft er dem Seelsorger über den Weg. Direkt nach der gegenseitigen Vorstellung beginnt Herr Osborn, sich zu verteidigen: „Ich komme gar nicht dazu, über solche Themen wie Religion nachzudenken. Ich bin beruflich viel zu sehr im Stress, es wird immer schlimmer am Arbeitsplatz." Dabei habe ich gar nicht von ihm erwartet, dass er nun etwas zum Thema Religion sagt.

Ich lud ihn ein, sich erst einmal in Ruhe mit mir hinzusetzen und etwas zu trinken. Ich fragte nach dem beruflichen Stress, nach den Bedingungen, unter denen in der Firma gearbeitet wurde. Es kam heraus, dass ständig Mangel an Mitarbeitern herrschte und dass das auch nötig war, damit der Betrieb wirtschaftlich überleben konnte. Außerdem gab es dort eine Kultur, in der keiner klagen durfte. Klagen und Beschwerden wurden sofort als ein Zeichen persönlichen Versagens gewertet. Wenn du mit dem Stress nicht zurechtkommst, bist du eine Niete.

Ich fragte auch nach den persönlichen Beziehungen: Herr Osborn war verheiratet, hatte eine Tochter, die er allerdings kaum wahrnahm. Nur ein sehr geringer Teil seiner Energie betraf seine Familie. Auf die Frage nach persönlicher Entspannung oder nach Situationen, die er genießen konnte, fiel ihm nichts ein.

Bei dieser Überforderung und seiner Unfähigkeit, sich davon abzugrenzen, war es nicht verwunderlich, dass er auch das Thema Religion als Stressfaktor nahm. Er reagierte auf die Begegnung mit der Seelsorge, als käme da eine neue Verpflichtung auf ihn zu.

Während seines Krankenhausaufenthaltes machte Herr Osborn neue Erfahrungen. Auf Anraten von Therapeuten hielt er stille Zeiten ein, in denen er keine elektronischen Medien nutzte, nicht sprach und auch nicht angesprochen werden wollte. Er machte meditative Spaziergänge und Entspannungsübungen. Er war allerdings irritiert, dass sich zunächst nicht einfach Ruhe und Harmonie einstellte, sondern dass seine innere Unruhe umso stärker in ihm rumorte. Aber das ist normal: Wer äußerlich in die Stille geht, ist erst einmal damit konfrontiert, wie es innerlich in ihm aussieht. Auch der innere Stress will erst ausgehalten sein, bevor man eine tiefer liegende seelische Ruhe spüren kann.

In weiteren Gesprächen wurde für Herrn Osborn die Vorstellung von einer höheren Macht hilfreich. Diese Vorstellung erlebte er wie ein Haltegriff, um das seelische Chaos auszuhalten. Daran hielt er sich fest und beobachtete die Veränderung: Nicht mehr permanente Höchstleistung, statt dessen ein gesunder Wechsel zwischen Anspannung und Entspannung.

Ich konnte Herrn Osborn auch dazu bringen, seine Burnout-Erkrankung nicht als Defizit und Schwäche zu sehen, sondern als notwendigen Schritt in die richtige Richtung, nämlich hin zu einer neuen Balance zwischen Anspannung und Entspannung.

Einmal erzählte er von einem Traum: Er war in einem großen Garten, im herbstlichen Sonnenschein, und hatte nur eine Aufgabe: das von den Bäumen und Büschen abgefallene Laub in aller Seelenruhe wegzukehren, und zwischendurch immer wieder in einer Gartenschaukel zu liegen. „Ja, das ist es", sagte ich ihm. Er sollte sich einmal Gott vorstellen wie den Besitzer eines Gartens, der ihm nur die eine Aufgabe stelle, in aller Ruhe aus dem eigenen Leben wegzukehren, was abgestorben ist, und das zu genießen, was lebt. Gott sei wie ein Therapeut, der ihm ohne

Worte, aber mit starken Bildern das gibt, was seine Seele braucht.

Loslassen, altes Laub zusammenkehren. Vielleicht bedeutete es für ihn auch, sich von ungesunden Arbeitsverhältnissen zu trennen. Ein tüchtiger Mensch wird nicht ins Nichts fallen, wenn er sich von seiner bisherigen Schinderei verabschiedet.

Umgetrieben

Frau Ramann ist eigentlich immer auf der Suche nach etwas Neuem. Yoga war vorgestern, Kochen nach der Traditionellen Chinesischen Medizin gestern, zurzeit ist es keltische Spiritualität. „Jedes Mal denke ich, das ist nun endlich das Richtige für mich, endlich habe ich es gefunden. Und dann nach einigen Wochen verschwindet meine Begeisterung. Dann fühle ich mich leer und depressiv, bis ich dann von einer neuen Idee entzündet werde. Was ist eigentlich mit mir los? Was fehlt mir bloß?"

Frau Ramann fand ihre Lebensweise sehr anstrengend, immer wieder müsse sie sich neu auf den Weg machen, nie käme sie wirklich zur Ruhe, obwohl sie sich doch dauernd mit Techniken beschäftigte, die zur inneren Ruhe beitragen sollten. Sie hatte starke Gefühle, mal begeistert, mal enttäuscht, aber wirklich glücklich war sie eigentlich nie.

„Es gibt auf Gottes Erde so viel zu entdecken, so viele Möglichkeiten, dass kein Mensch alle ausprobieren kann", sagte ich ihr. „Und die Dinge, mit denen Sie sich im einzelnen beschäftigen, sind ja nicht schlecht. Das Yoga tut sicherlich körperlich und seelisch sehr gut und macht ausgeglichen. Bewusste Ernährung ist eine andere Art, sich selbst etwas Gutes zu tun. Und selbst die Naturverbundenheit keltischer Spiritualität wird für Sie ihren positiven Sinn haben."

Sie nickte.

„Allerdings stellen Sie sich selbst ein Bein."

„Wieso?" fragte sie.

„Zum Beispiel, in dem sie dauernd fragen, was Ihnen noch fehlt. Dadurch treiben Sie sich selbst immer wieder gnadenlos an".

„Was soll ich denn statt dessen tun?" fragte sie.

„Sie könnten sich selbst Folgendes sagen: Ich habe einen großen seelischen Reichtum. Trotzdem bin ich unruhig. Ich akzeptiere mich mit meiner Unruhe. Das Leben liebt mich auch mit meiner Unruhe."

Mit Akzeptanz fängt eigentlich jede Veränderung an. Es strebt und sucht der Mensch, so lange er lebt. Und das ist gut so. Wir sind offene Wesen, Freigelassene, die nicht festgelegt sind auf das, was immer schon war. Wir haben den Sinn unseres Lebens nicht in der festen Routine des Immergleichen, sondern in der Sehnsucht nach einer besseren Welt. Diese Sehnsucht ist tief in vielen Religionen, auch im Christentum, verankert. Wir verdienen Wertschätzung, auch mit unserer Unruhe.

Eine Gefahr bei der ständigen Suche ist allerdings, dass wir unsere Mitmenschen aus dem Blick verlieren. Das Denken und Leben des permanent Suchenden bleibt oftmals total egozentrisch. Man lässt die seelische, körperliche oder materielle Not anderer nicht wirklich an sich heran, sondern bekommt die Mitmenschen - wenn überhaupt - nur als Helfer in den Blick, um sein Ego auszudehnen. Man baut sie sozusagen in sein männliches oder weibliches Selbstbild ein.

Eine andere Gefahr ist ein gewisser Fanatismus, der immer dann entsteht, wenn ich das scheinbar ultimativ Gute gefunden zu haben meine. Dann gibt es nichts anderes mehr, dann meine ich im Besitz der allein seligmachenden Wahrheit zu sein.

Gut war für Frau Ramann auch eine Umkehrung der Blickrichtung: Sich selbst immer wieder, jeden Tag, bewusst zu machen, was sie alles schon hat, welche vielen guten und wichtigen Erfahrungen sie schon in den Schatz ihrer Persönlichkeit aufgenommen hat, welcher innere Reichtum in ihrem Denken und Fühlen schon da war.

Christlich ist, sich bewusst zu machen, dass Lebenssinn schon geschenkt ist und nicht erarbeitet werden kann. Was du suchst, das hast du schon, vielleicht ohne es zu merken.

Ich schlug Frau Ramann vor, immer wieder den bereits vorhandenen seelischen Reichtum zu meditieren und, wenn sie kann, Gott dafür auch Dank auszusprechen. Die Frage, was ihr fehle, sollte sie sich abgewöhnen. Stattdessen sollte sie sich öfter die Frage stellen: „Was ist schon da, das mein Leben reich macht?"

Bei einer späteren Begegnung sagte sie mir, dass ihr diese Änderung der Blickrichtung sehr geholfen habe.

Kapitel 6
Sinn suchen

Ein großer Bereich dessen, worin Menschen den Sinn ihres Lebens finden, ist das Dasein für andere, seien es die nahen Menschen wie zum Beispiel Familienmitglieder, für die man Verantwortung übernimmt, sei es ein Engagement für entferntere Leidende, die besonderer Beachtung bedürfen. Darüber wird im nächsten Kapitel die Rede sein.

Man kann den Sinn seines Lebens aber auch anders finden.

Sinn kann auch sein, etwas kreativ zu erstellen, Oder man kann die Schwierigkeiten des Lebens mit einer Haltung der Würde und Dankbarkeit durchstehen und so zur Ermutigung für andere werden. Auch wer in einer schwierigen Lage nicht direkt helfen kann, aber noch von Herzen an eine gute Zukunft glaubt, verbreitet eine heilsame Atmosphäre. Dazu gehört es auch, ein Stück innere Distanz zu den Problemen zu behalten. Ein Leben ohne Probleme gibt es nicht. Nur die Toten haben keine Probleme mehr. Aber die Probleme dürfen nicht das ganze Leben bestimmen.

Schutzengel

"Bei einem Unfall wäre ich fast draufgegangen", berichtete mir Herr Rettich. "Ich war in einem Supermarkt. Draußen tobte ein Sturm. Ich zögerte, hinaus zu gehen. Mein Schuhband hatte sich gelockert, und ich band mir erst einmal die Schuhe zu. Gerade in dem Moment fielen Ziegel vom Dach des Supermarktes. Hätte ich mich nicht um meine Schuhe gekümmert, wäre mir wahrscheinlich ein Ziegel auf den Kopf gefallen. Kann so etwas Zufall sein? Ich bin überzeugt, ich hatte da einen Schutzengel, oder zwei, oder eine ganze Gruppe davon."

Manche Leute sagen leichthin, dass sie in einer bestimmten Situation einen Schutzengel gehabt haben. Bei Herrn Rettich war es nicht so, er meinte es ernst. Natürlich wusste auch er, dass „Engel" ein personifiziertes Bild für eine Art spirituelle Kraft ist, die ihn hat zögern lassen, vielleicht auch ein Begriff für eine Intuition. Das Schuhband allein wird es nicht gewesen sein, denn er hätte es sich wahrscheinlich besser außen zubinden können, wo man den Fuß leichter auf etwas Erhöhtes auflegen kann.

Ich musste an eine junge Frau denken, die ich im Krankenhaus kennen gelernt habe. Sie nahm sich Papier und malte zwölf Engel, die alle unterschiedliche Namen hatten und verschiedene Aspekte ihres Lebens behüteten: Ihre Kinder, ihren Körper, ihre Träume, ihr Denken, ihre Wohnung und so weiter. So baute sie eine ganze Galerie von Engeln um ihr Krankenhausbett herum auf und meinte, sie könne sonst nicht schlafen.

Viele Menschen brauchen Engel als Repräsentanten ihrer Sicherheit. Andere argumentieren sehr abweisend. Sie stellen sich auf den Standpunkt des neutralen Beobachters, der von außen die Situation beurteilt: Als bei einem Verkehrsunfall ein Kind zu Tode kam, das gewiss nichts Böses getan hatte, wo war da der Schutzengel? Auf diese Frage gibt es keine sinnvolle, rationale Antwort.

Herr Rettich aber brachte mich in anderer Weise ins Nachdenken. Wenn jemand vor großem Übel bewahrt worden ist, dann macht es einen Unterschied, ob er das einem blinden Zufall zuschreibt oder einer bewahrenden Macht. Die Zufallsgläubigen machen auch ihr eigenes Leben zu einem Zufall. Letztendlich wird das ganze Dasein auf dieser Erde beliebig. Anders ist es, wenn jemand diese Bewahrung einer höheren Kraft zuschreibt, dann schreibt er gleichzeitig seinem Leben etwas Erhaltenswertes zu und dem ganzen Dasein des Menschengeschlechtes auch. Es ist also eine bestimmte Haltung, in irgendeiner Form an Fügung und an Schutzengel zu glauben und natürlich trotzdem alles zu tun, was man kann, um Sicherheit zu gewährleisten.

Wo soll ich auch sonst mit meinem Dank dafür hin, dass mir der Ziegelstein nicht auf den Kopf gefallen ist? Und wo nehme ich die Energie her, gegen die vielen unnötigen Tode zu kämpfen, die Menschen sterben, wenn doch alles Zufall ist?

Ich dankte Herrn Rettich, dass er mir von seinem Erlebnis erzählt hatte und versprach, es in einer meiner Predigten oder bei einer anderen passenden Gelegenheit weiterzuerzählen. An dem Abend guckte ich etwas intensiver als sonst auf das Kreuz, das über der Schwelle meines Hauses hängt, und auf den Engel, der auf meinem Nachttisch steht. Diese Symbole brauche ich, obwohl ich ein aufgeklärter Bürger des 21. Jahrhunderts bin und obwohl ich weiß, dass Schutzengel „nur" Bilder für spirituelle Mächte oder Intuitionen sind.

Daseinsrecht

Frau Bitter sieht sehr leidend aus. „Immer wenn ich etwas genießen könnte, dann fällt mir das Elend überall auf der Welt ein, die Opfer von Sturm und Flut, die hungernden Kinder. Ich spende natürlich jeden Monat für sie. Mein Mann sagt, die Höhe meiner Spenden sei schon unvernünftig. Aber trotzdem treibt mich immer eine innere Unruhe."

„Gibt es gar nichts, was Sie wirklich genießen können", fragte ich sie.

„Das fragt mich die Psychologin auch immer", antwortete sie. „Ich versuche ja, ein gemütliches Zimmer, ein leckeres Essen oder eine Flasche guten Wein zu genießen, aber ich merke, dass ich dabei immer unruhig und unglücklich werde."

Die Vierzigjährige trug einfache, farblose Kleider und Schuhe, sie arbeitete als Verwaltungskraft in einer großen kirchlichen Einrichtung.

Wir sprachen über ihre Kindheit. Ihre Eltern, beide Ärzte, hatten einige Jahre in der Entwicklungshilfe zugebracht und erzählten oft von den unmenschlichen und schlimmen Zuständen, in denen andere Menschen auf anderen Kontinenten leben mussten.

Als wir ihre Unruhe näher betrachteten, kam heraus, dass da ein Schuldgefühl im Spiel war. Ein kaum bewusster, aber wirksamer Teil von ihr fand es unmoralisch, es sich gut gehen zu lassen, wenn andere leiden.

„Sie sind mit Ihrem humanitären Engagement nicht so weit gegangen wie ihre Eltern. Macht Ihnen das etwas aus?" wollte ich wissen.

Sie nickte und fügte hinzu: „Auch bei meinem christlichen Arbeitgeber ist pausenlos die Rede davon, dass man viel mehr gegen die Not der Menschen auf aller Welt tun muss."

Frau Bitter hat ja nicht Unrecht. Es müsste tatsächlich viel mehr für die weltweite Gerechtigkeit getan werden, aber nicht unbedingt von Einzelnen, die ohnehin ein überscharfes Gewissen haben, sondern von Staaten, von denen, die die Wirtschaft lenken oder die Rahmengesetze schaffen, nach denen die internationale Wirtschaft funktioniert. Sich selbst in ein dauerndes Schuldgefühl zu manövrieren ist ehrenwert, aber keine Lösung und hilft keinem hungernden Kind in Afrika.

Für manche liegt die Problematik allerdings noch tiefer. Aus irgendwelchen Gründen, die mit ihrer Kindheit zusammenhängen, halten sie sich für schuldig, einfach weil sie da sind. Vielleicht hat ihren Eltern die Schwangerschaft nicht gepasst, vielleicht kommt es aus anderer Quelle. Viele Menschen tragen eine solche tiefe Verunsicherung mit sich herum.

Aber so wie es meist Worte sind, die einzelne Menschen in diese innere Not getrieben haben, so können auch Worte, wenn sie langfristig eingeübt werden, in einer entsprechend gestalteten Umgebung Menschen wieder befreien.

Ich erarbeitete mit ihr ein Gebet. Sie sollte es in einem großen, gemütlichen Sessel täglich beten:

„Gott, ich danke dir, dass ich da bin.

Ich habe ein Recht, dazusein und mich zu entfalten.

Ich habe ein Recht, so viel Raum einzunehmen, wie mir gut tut.

Ich habe ein Recht auf Glück.

Ich danke dir Gott, dass du dich freust, wenn ich mein Recht wahrnehme und glücklich werde."

Zum Erwachsenwerden gehört auch, seine Grenzen zu akzeptieren, sich nicht größer zu machen, als man ist, aber auch nicht kleiner. Sein gesundes Maß zu finden, ist für den Reifungsprozess notwendig. Selbst Heilige brauchen ihr Maß und ihre Grenzen.

„Sie wissen doch", erzählte ich ihr einmal, „Jesus hat auf seiner Wanderung durch die Dörfer viele Menschen geheilt, und als er an seiner Belastungsgrenze war, hat er sich zurückgezogen."

Sie nickte ein wenig.

„Nur wird nirgendwo erzählt, dass er dabei ein schlechtes Gewissen hatte und sich schuldig fühlte, weil er manchen Leuten nicht geholfen hat."

Sie nickte wieder.

„Er hat das Schicksal vieler Menschen seinem himmlischen Vater überlassen. Und außerdem: Sie sind nicht Jesus, auch kein weiblicher Jesus, seine Last brauchen Sie nicht auf sich zu nehmen, so groß brauchen Sie nicht zu sein, Sie sind nur...Sie selbst."

Weiterhin aus der Quelle

Frau Meyersol hat einen schweren Unfall erlitten. Sie ist als Fußgängerin von einem abbiegenden Auto angefahren worden. Multiple Knochenbrüche und eine Kopfverletzung sind die Folge. Sie hat schon fünf Operationen hinter sich und noch eine vor sich. Jetzt ist sie in der Rekonvaleszenzzeit. Frau Meyersol ist etwas über 40 Jahre, alleinstehend ohne Kinder. Ich treffe mich mit mir, als sie zu einer Nachuntersuchung ins Krankenhaus kommt.

Vor dem Unfall hatte sie, so erzählte sie mir, ganz für ihren Beruf gelebt, ein wenig auch für das Vergnügen, aber doch hauptsächlich für Ihren Beruf als Lehrerin. Ihre Fächer: Religion und Deutsch.

„Ich mag meinen Beruf, sagte sie mir. „Jetzt bin ich aber völlig da heraus."

Sie fühlte sich mit ihrer Erkrankung sehr allein gelassen, denn ihre Eltern wohnten weit weg und waren nur von Zeit zu Zeit als Besucher da. Erfreulicherweise hatten ihre Schüler am Anfang Anteil genommen, sie ein oder zweimal besucht, eine Karte mit Genesungswünschen geschrieben. Aber natürlich war diese Form der Anteilnahme langsam verebbt. Der Alltag war für die Schüler wieder eingekehrt.

„Was hat Ihnen in der schlimmsten Zeit geholfen?" fragte ich sie. „Beziehungsweise, was hilft Ihnen jetzt noch in der Krankheit?"

Sie überlegte einen Moment.

„Die Professionalität der Ärzte, die Medizintechnik überhaupt. Unser ganzes Krankenhauswesen. Es ist schon erstaunlich, was die Ärzte alles können. Man soll sie nicht dauernd bekritteln. Ich glaube, wenn ich in einem Land der dritten Welt verunglückt wäre, wäre ich gestorben."

Sie machte eine kurze Pause. Ich hörte ihr weiterhin zu.

„Auch mein Glaube, meine Spiritualität", fuhr sie fort. „Irgendwie habe ich immer gespürt, dass Gott noch etwas mit mir vor hat, dass es nicht zu Ende ist. Diese Quelle der Lebendigkeit, diese Energie ist mir nie verloren gegangen. Ich habe immer aus dieser Quelle schöpfen und trinken können, auch als es mir wirklich dreckig ging."

Ich war stark berührt von dem, was Frau Meyersol ausdrückte.

„Wissen Sie", fuhr Frau Meyersol fort, „ich lebe schon seit langer Zeit mit der Vorstellung, dass es so etwas wie eine göttliche Energie in mir gibt, ich meinte sie auch immer wieder mal zu spüren, gar nicht so selten. Aber früher hatte ich immer Angst, dass diese Quelle versiegen wird, wenn es mir einmal wirklich schlecht geht. Aber es war nicht so, im Gegenteil, Ich weiß nicht, wie ich das beschreiben soll: Diese Quelle ist sogar klarer, deutlicher geworden."

„Tun sie etwas, um weiterhin aus dieser Quelle schöpfen zu können?" fragte ich nach einigen Momenten der Stille.

„Ja", antwortete sie, „ich tue etwas dafür. Ich nutze einen Teil meiner Zeit dafür. Als Verletzter nach einem Unfall hat man viel Zeit, sehr viel Zeit. Man liegt im Bett und wartet. Man sitzt im Rollstuhl und wartet. Man hat eine Behandlung vor sich und wartet. Man ruht sich von der Anstrengung aus und wartet auf die Nacht, damit man schlafen kann. Und in all dem Warten habe ich immer wieder an Gott gedacht und gebetet. Nicht nur für mich, sondern auch für andere Leute."

„Das hat sicherlich dazu beigetragen, sich für diese Quelle des Lebens offen zu halten", bestätigte ich ihr und bedankte mich bei ihr für die Erzählung.

Darüber lachen

"Es ist zum Haare raufen", stöhnt Herr Kurzig. "An meinem Arbeitsplatz geht es drunter und drüber. Es gibt keine klaren Regelungen, wer für was zuständig ist, auch keine klaren Absprachen darüber, wie bestimmte Vorgänge zu erledigen sind. Es gibt gleichzeitig unterschiedliche Systeme der Dokumentation. Man findet nur mit Glück etwas wieder, was man nicht selbst abgelegt hat. Unsere Chefin entscheidet heute so, morgen anders. Man kann sich nicht darauf verlassen. Und es ist nicht einmal geklärt, wer eigentlich das Sagen hat, wenn die Chefin einmal nicht im Hause ist."

Herr Kurzig war der Freund eines Freundes von mir und hatte mich zu einem freundschaftlichen Gespräch aufgesucht. Er fuhr mit seiner Klage fort: „Die Mitarbeiter stöhnen alle über die Unklarheiten, sie verschleißen ihre Kraft in Intrigen und Rangeleien, der Krankenstand ist wahnsinnig hoch. Und das alles nicht erst seit gestern."

Herr Kurzig hatte schon mehrfach Klärungen gefordert, hatte klare Anweisungen und Betriebsabläufe angemahnt. Natürlich hatten alle ihm zugestimmt, auch die Leitung. Alle waren guten Willens gewesen, aber schon nach zwei oder drei Tagen war der alte Schlendrian wieder da. Irgendwie war die Kommunikation im Betrieb gestört.

Da Herr Kurzig nicht zur Leitung gehörte, hatte er auch nur sehr beschränkte Möglichkeiten, auf das Ganze einzuwirken. Er konnte nur Missstände benennen, er konnte aus seiner Position heraus keine Änderungen durchführen. Er war es leid geworden, immer wieder darauf hinzuweisen, was alles schief lief, und hatte sich verschlossen. Er hatte sich als eine Art Nörgler schon unbeliebt genug gemacht.

Nachts lag er manchmal wach und dachte über seinen Arbeitsplatz nach. Oft wünschte er sich dann weit weg. Er ging nicht mehr mit Freude zu seiner Arbeit. Er hatte schon oft mit dem Gedanken gespielt, diesen Arbeitgeber zu verlassen.

Love it, change it or leave it: dieser Spruch fiel mir ein. Wenn jemand in einem System arbeitet, unter dem er leidet, dann kann er sich helfen, indem er es zu lieben lernt, es zu verändern versucht oder es verlässt. Herr Kurzig hatte schon oft über diese Möglichkeiten nachgedacht. Lieben konnte er seinen Betrieb schon lange nicht mehr. Ihn ändern auch nicht. Ihn zu verlassen hatte erhebliche persönliche Nachteile.

Es gibt allerdings auch noch eine vierte Möglichkeit, die nicht zu unterschätzen ist, bot ich ihm an: Laught about it. Lach darüber, nimm es heiter, nimm es nicht wirklich ernst. Wenn ich einen chaotischen Zustand nicht verändern und auch nicht weggehen kann, vielleicht kann ich ihn weniger ernst nehmen und mit Ironie und einer gewissen Heiterkeit ertragen. Es gibt Bürosprüche, die in diese Richtung zeigen: Jeder tut was er will und keiner tut, was er soll, aber das Gute daran ist, alle machen mit.

Ich gab Herrn Kurzig diesen vierten Vorschlag zu bedenken: Lach darüber. Ein Lächeln spielte auf seinem Gesicht. Dieser vierte Vorschlag tat ihm sichtlich gut. Die Idee, innerlich loszulassen und dem Betrieb mit Ironie und Heiterkeit zu begegnen, reizte ihn, er nahm sich vor, das einmal einige Wochen lang zu probieren. Er hörte auf, ständig Veränderungen anzumahnen, er hörte auch auf, sich jeden Tag damit zu beschäftigen, wie er eine neue Stelle finden könnte, Schließlich lief sein Gehalt ja noch. Es ging ihm schließlich tatsächlich persönlich besser, er konnte besser schlafen und litt weniger, auch wenn der Betrieb nach wie vor ein einziges Chaos war. Er hatte erfahren, dass es möglich ist, Dinge leichter zu nehmen.

Oft ist diese Heiterkeit, dieses Leichtnehmen ein Merkmal von Menschen, die eine bewusste Beziehung zum Ewigen pflegen. Für sie sind die Ordnungen dieser Welt nicht von endgültiger Bedeutung, sie wissen, dass sowieso alles Stückwert und unvollkommen ist, was Menschen zustande bringen. Was wir Menschen machen, ist Murks, mal weniger, mal mehr. Es gibt aber eben auch diese lebensspendende Kraft, diese göttliche Energie, die uns alle überdauern wird, egal wie gut oder fehlerhaft wir unser Zusammenleben gestalten.

Herr Kurzig konnte es mit einer veränderten Einstellung besser in seinem Betrieb aushalten. Und nur darum ging es. Einige Zeit später traf ich ihn zufällig. Er erzählte mir, dass es ihm nach dem Gespräch mit mir besser gegangen sei, aber dass er nun doch den Arbeitsplatz gewechselt habe.

Dankbarkeit

„Was ich an den Menschen heutzutage nicht leiden kann, ist ihre Undankbarkeit", sagt mir Frau Müller, *eine ältere alleinstehende Frau, die dadurch auffällt, dass sie, obwohl selbst keineswegs reich, immer großzügige Spenden macht und auch im Ganzen sehr hilfsbereit ist. „Die Leute fordern nur noch, wollen alles für sich haben, alle Aufmerksamkeit, aber bedanken sich nie, sondern nehmen alles selbstverständlich. Ich komme mit diesem Egoismus nicht zurecht."*

Nun glaube ich, dass Frau Müller mit der Beobachtung durchaus recht hat, dass die Mehrheit der Menschen nicht gerade zur Dankbarkeit neigen. Die meisten sehen auf das, was sie gerne noch hätten und was ihnen nicht gegeben ist. Sie beschweren sich über die Ungerechtigkeit, dass „die da oben" so privilegiert und „wir einfachen Leute" so benachteiligt sind. Ich glaube allerdings nicht, dass es nur heutzutage so ist. Früher war es wahrscheinlich genauso.

Aber warum betonte Frau Müller dieses Verhalten des größten Teils ihrer Mitmenschen so stark und störte sich so daran? Das fragte ich mich. Man könnte ja auch mit einem Achselzucken über den unbefangenen Egoismus anderer hinweggehen. Hatte sie das Gefühl, selbst zu kurz zu kommen?

Ich sprach mit Frau Müller darüber, wie beliebt und angenehm sie für ihre Mitmenschen war, gerade weil sie ein Stück Dankbarkeit empfinden und sogar darüber reden konnte. Wer immer etwas für sich fordert, oder, wenn er es nicht bekommt, über Benachteiligung schimpft, der bringt eine starke Spannung in die Kommunikation. Er verursacht eine Art Leid für seine Gesprächspartner und leidet letztendlich auch selbst. Sie aber trug zu dem entspannten Miteinander ihrer Freunde und Freundinnen bei. Über Dankbarkeit zu reden, aus dem Blickwinkel der Dankbarkeit auf die Welt zu schauen, sei geradezu Teil ihres Lebenssinns, sagte ich ihr.

Frau Müller fühlte sich von mir gewürdigt und verstanden.

Leider kann man seine Mitmenchen nicht umerziehen. Ich habe allerdings manchmal erstaunliche Veränderungen im Verhalten von Menschen erlebt, wenn ich sie mit der Frage nach der Dankbarkeit unterbrochen habe. Wenn zum Beispiel jemand viele Minuten lang immer nur klagte und über die Benachteiligung schimpfte, habe ich manchmal unterbrochen: „Gibt es denn etwas neben all Ihrer verständlichen Klage, wofür sie dankbar sind?"

Die Gesprächspartner stutzten meist. Wenn Ihnen allerdings etwas einfiel, was sie dankbar machte und sie konnten es äußern, dann entspannten sich erkennbar ihre Gesichtszüge.

Man wird auch selbst glücklicher, wenn man sich neben berechtigter Forderung und Klage immer wieder auch der Dankbarkeit öffnet. Dankbarkeit ist ein Fenster zur seelischen Ruhe, zum Glück.

Das alles sagte ich Frau Müller, und sie pflichtete mir bei. Es entstand ein reger Austausch darüber, wofür sie und wofür ich dankbar war: Angefangen von der relativ gut erhaltenen körperlichen Gesundheit, über den Frieden im von der EU geprägten Europa, über den relativen Wohlstand, von dem frühere Generationen gar nicht träumen konnten, über gute Kontakte und Freundschaften, über Kinder und andere Verwandte bis hin zum Dank über das Leben selbst, dieses größte Geschenk Gottes. Es wurde ein sehr schönes, sehr bewegendes Gespräch zwischen Frau Müller und mir, und man spürte, dass der Heilige Geist beteiligt war.

Kapitel 7
Mitmenschen

Keiner lebt für sich allein, wir alle sind auf Gemeinschaft angewiesen. Was der eine tut, hat Auswirkungen auf den anderen. Und für jeden stellt sich die Aufgabe, eine Balance zu finden zwischen der Einfühlung in die Wünsche anderer und der Berücksichtigung der eigenen Bedürfnisse.

Unsere Beziehungsfähigkeit fängt damit an, dass wir andere Menschen akzeptieren. Das ist gar nicht so einfach, wenn ihr Verhalten für uns eine Zumutung ist. Zur Beziehungsfähigkeit gehört aber auch, dass wir uns selbst anderen zumuten und nicht aus Rücksichtnahme ständig verstecken. „Auf den anderen zugehen", das ist der Sinn des lateinischen Wortes Aggression. Ohne ein Minimum davon kann es jedenfalls keine Beziehung geben. Manchmal muss man Ungerechtigkeiten herunterschlucken, etwa wenn unser Gegenüber Vorwürfe macht, die wir nicht akzeptieren können. Er braucht das vielleicht für seine seelische Entwicklung. Manchmal muss man sich gegen ungerechte Vorwürfe wehren.

Aber immer wieder ist es auch wichtig, sich selbst zu fragen: Was ist mein Anteil daran, dass mir dieses oder jenes Leid geschieht, dass ich abgelehnt werde oder sich Menschen von mir zurückziehen? Es gilt also auch, ein Stück weit die Blindheit für die eigenen Fehlhaltungen zu überwinden. Ist das, was mich neidisch macht, vielleicht ein Hinweis auf die eigenen blinden Stellen, an denen ich vielleicht nicht fürsorglich genug mit mir selbst umgehe? Manchmal meinen wir es ja nur gut und wollen anderen helfen - und tun dabei doch etwas Falsches, das den anderen letztlich kränkt.

Wirklich beziehungsfähig ist eigentlich nur, wer so weit in sich gefestigt ist, dass er notfalls auch allein sein kann. Nur der ist nicht abhängig von anderen. Er trifft seine Entscheidungen nach dem eigenen Gewissen und nicht nach dem, was die Leute vielleicht an Kritischem sagen könnten.

Ärger

Herr Schneider wirkt immer ein bisschen zu lieb, scheint sich nie zu wehren, auch wenn er verbal angegriffen oder gar beleidigt wird. Er traut sich kaum, seine Wünsche zu äußern und seine eigene Position zu vertreten. Weil sein Leid immer schlimmer wird, sucht er einen Therapeuten auf, der mit ihm daran arbeitet, seine Aggression zuzulassen und sich zu wehren. Da Herrn Schneider der Glaube und die Kirche sehr wichtig ist, nimmt er auch Kontakt mit mir auf, um mit mir über seine Aggressionshemmung zu sprechen.

Herr Schneider hatte schon einen langen Leidensweg hinter sich. Zum Beispiel teilte er sich sein Büro mit einer Mitarbeiterin, die immer das Fenster offen haben wollte.

Er selbst fror ständig, fing sich auch häufig eine Erkältung ein, konnte aber seinen Wunsch nach mehr Wärme im Büro nicht vertreten. Überhaupt war er Frauen gegenüber besonders gehemmt, seine Meinung zu sagen. Er war ohne Vater groß geworden und seine Mutter war eine sehr bestimmende, dominante Persönlichkeit.

Auch im Gespräch mit mir erschien Herr Schneider zunächst eher gehemmt. Aber er überwand diese Scheu und erzählte, dass er oft davon träumte, eine Art Superman zu sein, machtvoll und durchsetzungsfähig, einer, der alle locker besiegen kann, um Gutes zu tun. Manchmal träumte er aber auch davon, eine Art Bösewicht zu sein, der andere leiden ließ. Herr Schneider sprach zögernd über diese Träume, denn sie waren ihm peinlich.

Ich gab ihm zu verstehen, dass solche inneren Bilder für ihn gut und wichtig seien. Es gäbe keinen Grund, sich ihrer zu schämen. „Einmal in Gedanken der Bösewicht sein, das befreit", sagte ich ihm. Wir mussten beide lachen.

Auf die Frage, ob er denn in seinem wirklichen Leben nie wütend werde, erzählte er verschämt, dass er schon ein paar Mal gänzlich ausgeflippt war und angefangen hatte zu schreien. Die Leute um ihn herum konnten es nicht verstehen, warum er auf einmal so heftig wurde. Er hatte so viel Wut angesammelt, dass sie abrupt ausbrach. Der Kessel kochte über.

Ich erzählte ihm, wie Moses einmal mit seiner Wut umgegangen ist: Die heiligen, mühsam vom Berg geholten Gesetzestafeln hatte er vor Wut zerschmissen. Ich gab Herrn Schneider die Aufgabe mit, diese Szene einmal in der Bibel nachzulesen und sie sich konkret vor Augen zu malen. Gewissenhaft, wie er war, tat er es auch und hatte Freude daran.

Es war sehr wichtig für Herrn Schneider, die Thematik „Wut" auch religiös zu reflektieren. Denn die kirchliche Botschaft war zumindest früher oft so verstanden worden, dass man sich nicht wehren, sondern sich anpassen solle, den „unteren Weg" gehen, wie man früher sagte. Herr Schneider hatte es zumindest so verstanden und verinnerlicht. Christlich ist es aber nicht, seine eigenen Impulse so zu unterdrücken. Christlich ist, sie zu erkennen, sie ernst zu nehmen und verantwortlich zum Ausdruck zu bringen. Verantwortlich bedeutet: Ich habe auch den anderen, auch mein Gegenüber im Blick, auch seine Würde und seine Grenzen. Verantwortlich mit Ärger umzugehen heißt, seine Gegner nicht blindwütig herunterzumachen, sondern ihnen auf Augenhöhe und mit Respekt zu begegnen.

So kommt Ehrlichkeit in die Beziehung zu anderen Menschen hinein, so kommt überhaupt erst eine wirkliche Beziehung zustande. Das Gefühl der Aggression und der verantwortliche Umgang damit sind geradezu Voraussetzungen unserer Beziehungsfähigkeit.

Ich erzählte Herrn Schneider in weiteren Gesprächen noch andere Wutgeschichten aus der Bibel, malte ihm vor Augen, wie heftig Jesus auf die Pharisäer geschimpft hatte und wie er die Händler aus dem Tempel geschmissen hatte. Jedes Mal bat ich ihn, sich das auszumalen wie einen Film. Und fast jedes Mal merkte ich, dass es ihn ein Stückchen befreite.

Vorwürfe

Frau Liedtke klagt ihr Leid über ihre erwachsene Tochter: „Ich habe immer versucht, ihr eine gute Mutter zu sein. Sicher, ich musste arbeiten gehen, ich konnte mich nicht immer genug um sie kümmern, aber ich habe ihr alle Liebe gegeben, zu der ich fähig war. Jetzt bekomme ich von ihr nur noch Vorwürfe. Ich verstehe die Welt nicht mehr."

Solche Klagen hört man in der Seelsorge oft, und manchmal werden sie noch dadurch gesteigert, dass dann von der Undankbarkeit der jungen Leute heutzutage die Rede ist. Natürlich kränkt es eine Mutter oder einen Vater, wenn sie angegriffen werden, obwohl sie so fürsorglich waren, wie sie konnten. Manchmal werden sie ja sogar für ihre Fürsorglichkeit angegriffen. Vorwürfe der Kinder können schon sehr wehtun.

Dann kommt leicht die Frage auf: Wer ist schuld? Habe ich als Vater oder Mutter etwas falsch gemacht? Oder beurteilt mich meine Tochter beziehungsweise mein Sohn ungerecht? Schuldzuweisungen führen allerdings nicht weiter.

Hilfreicher ist folgende Überlegung: Kinder sind abhängig von ihren Eltern, je jünger sie sind, umso mehr. Sie glorifizieren ihre Eltern, halten alles für richtig, was die Eltern tun und sagen, sind kaum in der Lage, zu überprüfen und sich ihre eigene Meinung zu bilden. Die Eltern stehen für sie am Anfang in einer Position wie der liebe Gott.

Aber früher oder später setzt das eigene kritische Denken bei den Kindern ein, sie bilden sich ein eigenes Urteil, ihnen wird bewusst, dass sie eine eigene Persönlichkeit besitzen. Das ist eine notwendige Entwicklung. In diesem Prozess kommt es dazu, dass sie die Urteile und Taten ihrer Eltern rund heraus ablehnen, pauschal und ungerecht. Sie übertreiben in ihrer Abgrenzung, sie verteufeln manchmal geradezu die Hand, die ihnen bisher geholfen hat. Sie werden ungerecht. Diese Phase ist aber für die Entwicklung notwendig. Und Eltern sollten sich daran freuen, dass ihre Kinder so kritisch werden, auch wenn sie als Erziehungsberechtigte die Angegriffenen sind. In dieser Phase ist ein gerechtes Urteil von den Kindern gar nicht zu erwarten.

Nun ist diese Entwicklungsstufe der Selbstfindung nicht mit einmaliger Anstrengung erledigt, sondern es kommt im Laufe des Lebens immer wieder zu Situationen, wo ein Stück dieser Ablehnung notwendig ist. Für manche setzt dieser Prozess der Selbstwerdung überhaupt erst im Erwachsenenalter und damit ziemlich spät ein.

„Ihr habt es besser gehabt als wir", meinte einmal ein junger Mann zu seinem Vater.

„Wieso?" fragte der Vater zurück.

„Ihr hattet etwas, gegen das ihr rebellieren konntet, eure verknöcherten Eltern. Wenn wir gegen Euch rebellieren wollen, ist es viel schwerer, weil ihr so verständnisvoll seid."

Da musste der Vater lachen.

Wir als Eltern sind nicht von der Wertschätzung unserer Kinder abhängig. Unsere Kinder sind auch nicht dazu da, unsere eigenen seelischen Probleme zu lösen: Unsere Angst vor dem Alter, vor Einsamkeit und Krankheit. Es ist gut, wenn wir mit Kindern auf Augenhöhe reden und eine Übereinkunft finden können, wie es für uns im Alter sein könnte. Aber wir dürfen uns emotional nicht von unseren Kindern abhängig machen, sonst nehmen wir ihnen die Luft zum Atmen.

Lassen wir unseren Kindern, auch den erwachsenen Kindern, ihre Rebellion, auch wenn es manchmal wehtut. Freuen wir uns daran, dass sie ihren Weg selbstständig suchen und finden.

Stimmungslabil

„Meine Partnerin ist so labil, sie hat unberechenbare Stimmungen." Herr Schwindt, sichtlich erschöpft, seufzt tief. „Ich weiß auch nicht, woher ich die Kraft nehme, es bei ihr auszuhalten. Mal ist sie sehr lieb und anhänglich

und dann wieder fällt sie über mich her wie eine Furie und beleidigt mich mit den schlimmsten Worten."

Eine stimmungslabile Frau, eine Partnerin, die offensichtlich mit ihren emotionalen Hochphasen und Tiefpunkten nicht zurechtkommt.

Herrn Schwindt ging es wie vielen Menschen, die mit einem so stimmungslabilen Partner zusammenleben. Er war meistens verwirrt, hatte manchmal auch regelrecht Angst vor den Ausbrüchen der Frau. Oft hatte er die verschiedenen Stimmungen auf sich selbst bezogen und sich gefragt: Womit habe ich das ausgelöst, dass meine Freundin jetzt so wütend ist und mich beschimpft? Manchmal hatte er sich auch die Frage gestellt: Womit habe ich ausgelöst, dass sie sanft und liebevoll zu mir ist? Er hatte also versucht, aus den Beobachtungen so etwas wie eine Handlungsanweisung abzuleiten, um Einfluss auf die Stimmung der Partnerin zu gewinnen. Aber das hat nie wirklich funktioniert. Seine Partnerin blieb unberechenbar. Und er war verwirrt und erschöpft.

Es war ein gewaltiger Schritt nach vorne für ihn, als er erkannte, dass die labile Stimmung meist gar nichts mit ihm zu tun hatte. Er war sozusagen nur der Haken, an dem seine Frau manchmal ihre Wut festmachte. Nach dieser Erkenntnis konnte er Beschuldigungen und Angriffe besser aushalten. Er brauchte sie nicht mehr auf sich selbst zu beziehen.

Oft hatte er sich gefragt, ob es nicht besser wäre, wenn er aus ihrem Leben verschwinden würde. Ob sie dann nicht zufriedener würde. Aber er verstand, dass sie ihn brauchte, dass sie keineswegs ohne ihn glücklicher sein würde, auch wenn sie das manchmal behauptete. Sie brauchte jemand, der ihre Wut aushielt.

Allerdings war Herr Schwindt inzwischen erschöpft. Er konnte nicht mehr. Er brauchte dringend Ruhe. Trennen wollte er sich aber nicht.

Ich sagte ihm, dass es wichtig ist, etwas für sich selbst zu tun. „Sie tun etwas für ihre Partnerin, in dem sie auf ihre Wut nicht ihrerseits mit Gegenaggression reagieren, sondern sie aushalten. Aber Sie können diese Wut nur aushalten, indem sie auf andere Weise für sich selbst sorgen. Selbstpflege ist in ihrem Fall ein Teil Ihrer Partnerschaftspflege."

Ich dachte dabei an regelmäßige Gespräche mit einem Therapeuten oder einem Seelsorger.

„Jeder würde verstehen, wenn Sie ihre Partnerin verlassen", setzte ich noch hinzu. „Aber wenn Sie die Beziehung durchhalten, liegt eine große Chance darin."

Immer wieder kommt es vor, dass sich Partner zu leicht trennen und so eine Chance verpassen, miteinander seelisch zu wachsen.

Herr Schwindt verabschiedete sich nachdenklich von mir.

Ich musste nach dieser Begegnung noch lange über Gott nachdenken. Zeigt sich der biblische Gott nicht geduldig, wenn er auf das unreif-aggressive Verhalten der Menschheit nicht mit Gegenaggression antwortet, sondern liebevoll immer wieder neu Beziehung stiftet? Ich musste an Jesus denken, der auch ungerecht angegriffen worden ist und trotzdem nicht zur Waffe griff, sondern liebevoll blieb. Gott zeigt sich in dem Bild dessen, der Ablehnung erleidet, ohne selbst ablehnend zu werden. Daran kann die Menschheit reifen.

Als ich Herrn Schwindt Jahre später noch einmal traf, erzählte er mir, dass die Beziehung zu seiner Partnerin wesentlich konfliktärmer geworden sei. Die Stimmungsschwankungen seien nicht mehr so stark. Und er könne auch besser damit leben.

Partnerschaft

„Ich bin schon drei Mal verheiratet und stehe jetzt zum dritten Mal vor der Scheidung", sagt mir Herr Hüther, der seine getrennt lebende Frau im Krankenhaus besucht hat. „Ich will gar nicht auseinander, aber meine Frau meint, sie hält es einfach nicht mehr mit mir aus. Ich bin sogar mit ihr zur Eheberatung gegangen. Aber sie will weg. Wenn ich andere sehe, die nach so langer Zeit immer noch zusammen sind, dann werde ich ganz neidisch. Warum passiert das immer mir, dieser Mist mit Trennung und Scheidung?"

Natürlich erwartete er nicht, dass ich als unbekannter Gesprächspartner diese Frage nach dem Warum sinnvoll beantworten könnte, zu vielfältig waren die möglichen Gründe. Auch ist das Warum in der Trennungsphase nicht unbedingt eine hilfreiche Fragestellung. Eher schon: Wie soll es weitergehen? Wie kommen wir auseinander, ohne uns noch mehr zu verletzen? Wie kann ich mich im Leben neu einrichten, wenn ich wieder allein bin? Das sind die drängenderen Probleme.

Ich sagte Herrn Hüther, dass es sehr wichtig sei, sich die Frage nach dem Warum zu stellen und nach dem eigenen Anteil an den Trennungen. Aber das solle er in Ruhe tun, wenn die Trennung erst einmal vollzogen und die augenblickliche Krise durchgestanden sei. Dann könne er sich sinnvoll fragen, in welche Falle er schon mehrfach gelaufen ist.

Auf dem Nachhauseweg dachte ich über das von Herrn Hüther angesprochene Thema weiter nach. Es ist sicherlich nicht falsch, einmal statt nach dem Warum der Trennung nach dem Warum des Zusammenbleibens zu fragen. Warum schafft es die Mehrheit der Paare, zusammenzubleiben? Ich glaube nicht, dass sie weniger Konflikte haben. Auch bei ihnen ist nicht alles leicht und easy. Ich glaube auch nicht, dass sie einfach Glückskinder sind, denen alles ohne Anstrengung zufliegt. Ich glaube, dass es Menschen sind, die an ihrer Beziehung arbeiten. Dadurch verändern sie sich selbst, was wiederum dazu führt, dass sie ihre Beziehungen weniger mit überhöhten Erwartungen überlasten.

Es ist oft eine Anspruchshaltung, die das gemeinsame Leben schwer macht. Der Partner soll mir das Leben schöner machen, soll mich wertschätzen, soll mich unterhalten, soll immer ein offenes Ohr für meine Sorgen haben, soll alles verstehen, soll sein Bestes für den gemeinsamen Lebensunterhalt oder die Kinder tun, soll sich Mühe geben, soll meine Herkunftsfamilie zu akzeptieren, soll attraktiv bleiben, soll dies und das.

Ich meine bei Paaren, die zusammenzubleiben, beobachtet zu haben, dass sie eine andere Grundhaltung haben. Sie erwarten weniger voneinander. Sie nehmen den Partner mehr, wie er ist, mit allem, was er bieten kann und will und auch mit dem, wo seine Grenze ist. Der Partner kann für mich nicht alles sein. Er kann meist nicht der Retter aus meiner eigenen seelischen Not sein. Er ist für mich nicht der liebe Gott. Paare, die zusammenbleiben, nehmen ihren Partner weniger als jemand, auf den sie Anspruch haben, statt dessen mehr als ein Geschenk. Sie versuchen, ihm immer mit ein wenig Dankbarkeit zu begegnen, für das, was er gibt, statt mit Vorwürfen für das, was er nicht geben kann oder will. Ansonsten muss jeder an sich selbst arbeiten und sich selbst weiterentwickeln. Manchmal denke ich, nur wer allein leben kann, kann auch wirklich in einer guten Partnerschaft leben.

Ob die Unterscheidung zwischen Anspruchsdenken und Geschenkdenken im Einzelfall zutrifft und weiterhilft, mag dahingestellt sein. Jedenfalls ist es religiös gesehen genau so, dass der Ehepartner ein Gottesgeschenk ist, aus Gottes Hand genommen, wie es in den alten Trauformulierungen heißt. Das bedeutet auch, ihn in schweren Zeiten nicht allein zu lassen.

Man ist immer verantwortlich für Menschen, mit denen man vertraut geworden ist.

Leider hat es mit Herr Hüther kein tiefergehendes Gespräch mehr gegeben. Sonst hätte er mir bestimmt erzählt, was er über seinen Anteil an der sich wiederholenden Trennungsdynamik erkannt hat. Aber betroffen hat es mich gemacht, dass er den gleichen Mist nun schon dreimal erlebt.

Falsches Helfen

„Ich tue doch, was ich kann für meine Tochter", sagte mir Frau Reichel, „ich helfe ihr, wo immer es geht. Ich frage nach ihren Schularbeiten und unterstütze sie, wenn sie etwas nicht versteht. Ich räume sogar ihr Zimmer auf, halte ihre Klamotten in Schuss, sorge dafür, dass sie sich gut ernährt, stelle ihr Sachen auf den Tisch, die gut schmecken, und dabei nicht dick machen. Trotz allem macht sie dauernd Stress und Streit und sagt mir, dass ich eine schlechte Mutter bin."

Frau Reichels Tochter ist vierzehn, emotional labil und außerdem dabei, sich abzulösen. Also handelt es sich wohl um ein Pubertätsproblem.

Aber die Erzählung von Frau Reichel erinnerte mich auch an andere Erlebnisse, bei denen jemand mit seiner Hilfsbereitschaft gerade das Gegenteil erreicht hat. Zum Beispiel habe ich mal einem Behinderten im Rollstuhl die Tür aufgehalten. Er war stinksauer, weil er mir nicht zeigen konnte, wie geschickt er seinen „Mercedes 600" durch die Gänge steuern konnte, und wie er selbst die Türen öffnete. Er forderte mich ärgerlich auf, die Tür wieder zuzumachen und dann begann seine Show. Natürlich hatte er Recht, ich hatte ihn durch meinen Helferimpuls um ein Erfolgserlebnis gebracht.

So etwas Ähnliches hatte ich auch einmal erlebt, als ein vierjähriges Kind, selbst noch ein wenig unsicher auf den Beinen, sein Bobbycar die Kellertreppe hinaufbringen wollte. Der Vater sah es, nahm das Bobbycar und trug es hoch. Aber das Kind war nicht dankbar, sondern ärgerlich, schubste das Plastikauto wieder nach unten und begann aufs Neue, es mühsam die Treppe hoch zu wuchten. Der Vater hätte, anstatt zu helfen, sich nur hinter das Kind stellen und es absichern sollen, damit es nicht die Treppe hinterfällt, mehr nicht.

Auch Frau Reichel spürte irgendwie, dass ihre Art ihrer Tochter zu helfen zu viel war, dass sich auf diese Weise die Spannung zu ihrer Tochter verstärkte.

Aber warum fiel es ihr so schwer, das Helfen zu reduzieren? Darüber sprach ich mit ihr, und wir kamen schnell auf das Thema, dass durch die Ablösung der Tochter auch die Lebensaufgabe und Identität der Mutter neu justiert werden musste. Wer war Frau Reichel noch, wenn die Tochter sie immer weniger brauchte? Wer war sie jenseits ihrer Mutterrolle?

„Mutter bleibt man doch sein Leben lang", sagte sie.

„Ja und nein", antwortete ich, „Mutter und Vater sind wir bei erwachsenen Kindern nur noch im Hintergrund, nur noch aus der Ferne oder für den Notfall. Für unsere Kinder ist es gut, wenn wir ganz andere Interessen im Leben entwickeln."

Wir sprachen über die Ehe von Frau Reichel und darüber, wie sie etwas neuen Schwung hineinbringen könnte. Wir sprachen über ihre Berufstätigkeit. Sie machte die Buchführung eines kleinen Betriebes. Wie könnte sie sich da noch weiterentwickeln, welche Ziele verfolgen? Oder hatte sie Lust, noch einmal etwas ganz anderes zu lernen? Ich forderte sie auf, einmal auf ihre Träume zu achten. Sie würde bestimmt demnächst davon träumen, was für sie ein neues Lebensziel sein könnte, wenn die Tochter sie weniger braucht.

„Mir hat der liebe Gott einen Traum geschickt", sagte sie mir einige Tage später. „Da war ich eine recht flotte Flamencotänzerin."

Streit an der Bahre

Ein toter Mann wird in seiner Wohnung aufgefunden worden. Seine Freundin hat anderthalb Tage lang vergeblich versucht, mit ihm Kontakt aufzunehmen, hat schließlich die Polizei geholt und die Wohnung aufbrechen lassen. Er liegt da auf dem Küchenboden, nur mit einer Turnhose und einem Unterhemd bekleidet. Im Todeskampf hat er sich übergeben, so dass es in der Küche fürchterlich aussieht.

Der Mann war schon lange herzkrank gewesen. Er hätte auf jeden Fall nicht mehr rauchen dürfen. Aber er hatte es dennoch getan. Es standen auch leere Wodkaflaschen auf dem Küchentisch.

Vor der Wohnung hatten sich viele Leute versammelt, zwei unterschiedliche Gruppen von Leuten. Da war eine Gruppe von vielleicht acht oder zehn Leuten, die sich in einem Gemisch aus Deutsch und Russisch unterhielten: Seine jetzige Lebensgefährtin, eine Russin, und ihre Geschwister sowie deren Angehörige.

Und da war die Ehefrau des Verstorbenen, von der er getrennt gelebt hatte, von der er aber noch nicht geschieden war. Sie stand mit ihren Eltern und noch anderen Verwandten auf der anderen, quasi der deutschen, Seite.

Die beiden Gruppen standen deutlich getrennt, und man spürte sofort eine Spannung zwischen ihnen, eine gewisse Feindseligkeit. Alle wollten den Toten sehen, alle mutmaßten, was denn da geschehen sein könnte. Sie wollten nicht glauben, dass er einfach an Herzversagen gestorben war.

Ich stellte mich zunächst zu der getrennten Ehefrau und ihrem Anhang. Ich versuchte, ein wenig zu sortieren, in welcher Beziehung die Leute zu dem Verstorbenen standen. Ich hörte Andeutungen, ob nicht die Lebensgefährtin für seinen Tod verantwortlich sei, ob man da nicht ein bisschen „nachgeholfen" hätte? Schließlich wäre er doch viel zu jung zum Sterben gewesen. „So einer wie der da ist ja alles zuzutrauen", hieß es wörtlich. Merkwürdig, was ein unerwarteter Tod für üble Phantasien mobilisieren kann.

Ich stellte mich zu der jetzigen Lebensgefährtin. Ich hörte von ihren Brüdern Sprüche wie diesen: „Die sollen mal ja vorsichtig sein, was sie sagen, sonst gibt es hier noch ein Problem." Einer sagte zu mir: „Sie müssten mal wissen, wie die saubere Gesellschaft da drüben über unsere Schwester hergefallen sind, was sie der alles nachgesagt haben: Hure, Miststück, Schlampe und noch viel Schlimmeres. Wir wollen jetzt endlich den Verstorbenen sehen, wir wollen sehen, ob da nicht jemand nachgeholfen hat."

Die Dynamik dieses Streites hätte sich bis zu einer Schlägerei steigern können.

„Ob da jemand nachgeholfen hat, das klärt die Polizei", antwortete ich, „aber ich will mich mal erkundigen, ob eine Verabschiedung möglich ist".

Währenddessen war die Polizei zu einer ersten kriminologischen Untersuchung in der kleinen Wohnung.

Ich verständigte mich kurz mit den Beamten, dass eine Verabschiedung von dem Verstorbenen in der Küche möglich sei, aber höchstens für vier Personen gleichzeitig, unter Umständen mehrfach hintereinander.

Welche Gruppe sollte ich zuerst zu dem Verstorbenen führen, die Deutschrussen oder die Verwandten der Exfrau? Ich rechnete auf jeden Fall mit dem Protest der anderen Gruppe.

Ich sprach schließlich alle an und sagte: „Es ist möglich, den Verstorbenen zu sehen, aber jeweils nur vier Leute gleichzeitig können hinein. Ich habe mit der Polizei abgesprochen, dass jeweils zwei von der Exfrau und zwei von der jetzigen Lebensgefährtin gleichzeitig hineinkommen können. Wir können den Toten sehen und bei ihm ein kurzes Gebet sprechen."

Ich sprach die beiden Frauen direkt an und sagte, sie sollten als erste gehen und jeweils eine Person mitnehmen. Beide zögerten. Man spürte ihren Widerstand. Aber beide wollten doch zu dem Verstorbenen, und so überwandten sie sich.

Das geschah auch so.

Als wir wieder herauskamen, bat ich die beiden Frauen, aus ihrer Gruppe nunmehr die beiden nächsten zu bestimmen, die hinein durften. Ich ging wieder mit vier Personen zu einem kleinen Verabschiedungsritual.

Was ich bei dem Toten gebetet habe, weiß ich nicht mehr. Die Abschiedsszenen waren auch ohne meine Worte sehr bewegend. Das wichtigste war aber, dass das Chaos ausblieb. die Angehörigen nahmen sich wenigstens für den Moment des Abschiedes zusammen. Was geschah, blieb geordnet.

Ein vorzeitiger Tod kann heftige Emotionen auslösen, auch aggressive, feindselige, Unterstellungen, sogar Hass. Insofern war die Situation durchaus nicht ungefährlich. Wer will schon glauben, dass da jemand einfach zu viel geraucht und getrunken hatte, so dass sein Herz nicht mehr mitmachte? Ich glaube, bei Todesfällen, vor allem bei unvorhersehbaren, ist Struktur heilsam. Sie kann helfen, die Zeit zu ordnen und dem Gefühlschaos etwas Verlässliches, Vorhersehbares entgegenzusetzen.

Neid

Frau Brandt ist ungefähr 50 Jahre alt. Sie ist geschieden und lebt allein. Sie wirkt angespannt und unglücklich. Sie zieht immerzu über andere Leute her, zum Beispiel ihre Nachbarn: „Die haben überhaupt keine Bildung. Und wie verschwenderisch sie sind! Schon wieder machen sie eine Reise in ferne Kontinente! Und erst das protzige Auto, das sie fahren! Gucken Sie sich nur mal das Outfit der Dame an! Ich sage nur: Außen hui, innen pfui." Fast aus jeder ihrer Äußerungen kann man heftigen Neid heraushören.

Es ist etwas ungewöhnlich, dass jemand gegenüber einer Pfarrerin oder einem Seelsorger seinem Neid so freie Zügel lässt. Viele halten sich eher zurück, weil sie eine Zurückweisung erwarten: So neidisch zu sein ist unchristlich. Schließlich gehört der Neid zu den sieben Kardinalsünden.

Frau Brandt legte sich keine Zügel an, sondern sagte es so, wie sie es empfand. Gut so. Das Gefühl von Frau Brandt war wichtig, es hatte seine Berechtigung, unabhängig davon, ob ihre Nachbarn objektiv gesehen in einer beneidenswerten Lage waren oder nicht.

Deshalb spiegelte ich ihr wieder, dass es in Ordnung war, wenn sie mir gegenüber aus ihrem Herzen keine Mördergrube machte. Allerdings, setzte ich hinzu, macht es selten glücklich, wenn man sich vergleicht. Vergleicht man sich mit Menschen, denen es finanziell oder sonstwie besser geht, dann fühlt man sich deprimiert, vergleicht man sich mit andern, denen es schlechter geht, dann droht Überheblichkeit. Meistens ist es nützlich, den Vergleich mit anderen Menschen auszublenden und den Neid als Aussage über sich selbst zu nehmen. Im neidischen Blick auf andere sagt ja die Seele etwas über sich selbst aus, wenn auch in verschlüsselter Sprache.

„Ich würde gerne einmal genauer wissen, wie zufrieden Sie mit ihrem eigenen Leben sind und worüber Sie möglicherweise unglücklich sind", fuhr ich im Gespräch fort.

Frau Brandt stutzte und wusste erst einmal nichts zu sagen.

„Wäre Ihnen ein größeres Auto wichtig?" fragte ich sie. Nachdem sie etwas nachgedacht hatte, schüttelte sie den Kopf.

„Wie wichtig wäre für Sie eine Fernreise, wie die Nachbarn sie gemacht haben?" „Nicht sehr", antwortete sie.

„Einmal ganz abgesehen von ihren Nachbarn, womit sind Sie eigentlich im eigenen Leben zufrieden, womit unzufrieden?"

Nach einiger Zeit kam heraus, dass sie nicht gerne allein lebte. Das war im Grunde eine schlimme Kränkung für sie, viel schlimmer als die bescheidenen finanziellen Möglichkeiten. Sie beneidete ihre Nachbarn darum, dass sie nicht allein leben mussten.

Es kam eine traurige Stimmung auf. Frau Brandt erzählte von Trennung und Scheidung. „ Es ging nicht anders", resümierte sie. Aber ihr standen dabei die Tränen in den Augen.

Es war ein gutes Stück Arbeit, das Gefühl hinter dem Gefühl zu entdecken, die Trauer hinter dem lautstark geäußerten Neid. Diese Arbeit konnte nur gelingen, indem der Seelsorger darauf verzichtete, den Neid moralisch zu bewerten.

Das Gefühl hinter dem Gefühl entdecken: Das ist oft die Voraussetzung dafür, dass notwendige Entwicklungen in Gang kommen können. Einer Urlaubsreise oder einem großen Auto nachzujagen, hätte Frau Brandt nicht zufriedener gemacht. Aber die verlorene Beziehung abzutrauern und so offener zu werden für neue Möglichkeiten, war ein segensreicher Weg.

Die Leute

Frau Dreyer wendet sich mit allerhand Sorgen an mich und sucht bei mir Unterstützung. Mir fällt auf, dass sie sehr oft ängstlich fragt, wie denn wohl Ihre Nachbarn und Ihre Bekannten darauf reagierten, wenn sie dies und jenes täte - zum Beispiel wenn sie sich mit ihrem Freund sehen ließe, der noch anderweitig verheiratet ist, aber sich getrennt hat.

Ihr war durchaus bewusst, dass sie einen allzu ängstlichen Blick auf das hatte, was die Leute sagen könnten. Ich erzählte ihr folgende Geschichte.

Ein Möbelfabrikant schickte einem seiner Kunden, der die Rechnung nicht bezahlt hatte, folgenden Brief:

„Lieber Herr XY, was würden Ihre Nachbarn denken, wenn wir einen Möbelwagen zu Ihrem Haus schickten, um die unbezahlten Möbel wieder abzuholen?"

Der Fabrikant bekam folgende Antwort:

„Sehr geehrter Herr..., ich habe Ihren Brief meinen Nachbarn gezeigt, um zu erfahren, was sie denken würden. Alle hielten es für einen fiesen Trick eines schäbigen Möbelhauses."

Wir mussten beide lachen. Verblüffend, diese Freiheit gegenüber der tatsächlichen oder nur vorweggenommenen Meinung anderer.

Vor dem Gerede der Nachbarn haben sehr viele Menschen Angst. Oder vor den Berufskollegen und ihrem lästerlichen Klatsch. Kaum jemand ist davon frei und wirklich souverän.

Aber wenn diese Angst sehr groß ist, wird es anstrengend. Immer überlegen, was der andere wohl denkt, das ist ein Fulltimejob. Ja manchmal führt diese Angst in eine paradoxe Situation: Um dem einen zu gefallen, müsste man etwas tun, was bei einem anderen wiederum zu heftiger Kritik hinter vorgehaltener Hand führt. Ausweglos! Und doch werfen viele Leute jeden Tag einen ängstlichen Blick auf das Stirnrunzeln ihrer Mitmenschen.

Mit dieser Angst im Nacken kommt man allerdings nicht dazu, offen und frei zu fragen, was man selbst gern möchte. Wie hypnotisiert ist man mit einer solchen Angst. Krass gesagt lebt man gar nicht richtig, man ist gefesselt.

Ich verabredete mit Frau Dreyer, dass sie jeden Tag einmal etwas tun sollte, das anstößig sein könnte, eine Kleinigkeit nur. Vielleicht mal ein paar deftige Worte zu sagen oder auch nur im Park über den Rasen zu laufen. Und sie sollte einmal darauf achten, wie die Leute wirklich darauf reagieren.

Sie ließ sich auf diesen Versuch ein und erzählte, dass die meisten Leute ihre kleinen Regelverstöße gar nicht beachtet hätten, ein paar Mal war es auch vorgekommen, dass sie geschmunzelt hatten. Es war also alles gar nicht so schlimm.

Man kann sowieso die Meinung anderer Leute über sich nicht kontrollieren. und den Klatsch anderer Leute schon gar nicht. Wer Übles reden will, wird immer einen Grund finden. Man ist auch nicht davor gefeit, dass im Internet ein Shitstorm gegen einen losgetreten wird, egal ob begründet oder nicht.

Eigentlich müssten religiöse Menschen in dieser Hinsicht ziemlich frei sein, wenig davon abhängig, dass gut über sie geredet wird.

Jesus jedenfalls hat nicht nur das Stirnrunzeln, das lästerliche Reden, die hämische Kritik hinter vorgehaltener Hand ausgehalten, sondern sogar die offene Aggression seiner Gegner, die ungerechte Verurteilung, den Justizmord. Und seine Gegner haben ihm doch keinen endgültigen Tod antun können.

Alleinsein

„Ich habe große Angst vor dem Wochenende", verrät mir Frau Dietrich, eine Patientin aus einer Tageseinrichtung des Krankenhauses. „Dann bin ich nämlich alleine. Am Wochenende kann ich noch nicht einmal meine Freundin anrufen, die ist dann nämlich mit ihrer Familie beschäftigt. Ich weiß nicht, wie ich die zwei Tage überstehen soll."

Manche Menschen haben große Angst vor dem Alleinsein. Sie haben keine Idee, was sie mit sich anfangen können, sie fürchten vielleicht sogar, alleine ungeschützt zu sein. In ihrer Fantasie könnte etwas Schreckliches mit Ihnen passieren, sie könnten vor Panik sterben und keiner würde sie retten. Sie vergessen in ihrer Angst, dass sie notfalls den Notarzt rufen und sich die Telefonnummer dafür schon bereitlegen könnten.

Natürlich ist ein einsames Wochenende für jene Menschen nicht schön, die ohnehin viel Zeit alleine verbringen. Andere würden so ein Wochenende alleine geradezu herbeisehnen. Sie würden sich etwas bereitlegen, mit dem sie sich selbst verwöhnen könnten, würden sich ein schönes Badesalz kaufen oder ein Buch, das sie immer schon mal lesen wollten. Sie würden vielleicht einen Film aus der Videothek ausleihen und brauchten dabei keinerlei Rücksicht auf den Geschmack eines anderen zu nehmen. Es gibt unendlich viele Möglichkeiten.

Wer nicht allein sein kann, ist im Grunde abhängig. Genauso wie manche Menschen von Alkohol oder Zigaretten abhängig sind, so sind diese Personen von der Anwesenheit eines anderen abhängig. Abhängigkeit aber sollte man nicht mit Liebe verwechseln. In der Phase erster Verliebtheit ist es verständlicherweise schwer, ein ganzes Wochenende ohne den Partner zu sein, aber wer auch in späteren Jahren nirgendwo alleine hin gehen kann, der ist in Wahrheit kein Liebender, sondern abhängig. Liebe setzt Freiheit voraus. Ein wirklicher liebevoller

Partner kann eigentlich nur derjenige sein, der auch alleine sein kann. Er ist nicht in Gefahr, den anderen mit seinen Wünschen nach Nähe zu überfordern.

Es wird heutzutage oft gesagt, dass die Menschen immer mehr vereinzeln und nicht gemeinschaftsfähig seien. Daran mag etwas Richtiges sein. Aber sie werden auch immer weniger angeleitet, mit sich alleine zurechtzukommen, sich ein wohltuendes Alleinsein zu suchen. Mönche, Einsiedler, fromme Gestalten früherer Zeiten konnten oft jahrelang fast ohne den Kontakt mit anderen Menschen auskommen und hatten dabei tiefe Einsichten in das Leben. Sie empfanden den normalen Alltag ihrer Zeit oft als störend und wären wahrscheinlich schreiend vor der Zerstreuungskultur unserer Zeit weggelaufen. Vielleicht bräuchten heutzutage manche Menschen eine Schulung darin, sich nur mit sich selbst wohler zu fühlen.

Ich entwickelte mit Frau Dietrich einen Plan, welche Aktivitäten sie am Wochenende alleine unternehmen könnte. Zum Beispiel kann man durchaus an einem Sonntagnachmittag alleine ins Kino gehen, ohne aufzufallen oder sich in Gefahr zu begeben. Wir schmiedeten ein kleines Netzwerk mit anderen Personen, die auch am Wochenende allein waren, so dass sie sich zur Not gegenseitig anrufen konnten.

Kapitel 8
Trauer: Widerstand oder Bejahung

Oft wirkt der Tod auf uns wie ein Skandal und führt uns in den inneren Widerstand. „So kann es doch nicht sein", rebellieren wir in der Tiefe unserer Seele. Gott wird uns unverständlich, die Vorstellung von einer gerechten und guten Welt unglaubwürdig. Man spürt eher Aggression und Schmerz als Traurigkeit.

Trauer bedeutet, sich durch solche Zeiten des Widerspruchs zu kämpfen. Wenn es gut geht, kommt man dann in eine neue Lebensbejahung, die gegenüber dem ursprünglichen Zustand gereift ist. Sie schließt das Bewusstsein des Todes mit ein. Manchmal sind uns Zurückbleibenden die Sterbenden ein paar Schritte voraus, verstehen auf ihre Weise besser als wir, dass die letzte Reise keine Reise in die Hoffnungslosigkeit ist. Abschied und Trauer brauchen andere Fähigkeiten als die des Machens und Organisierens, sie brauchen das Spüren, die Geduld und die Liebe.

Wo war Gott?

Fünfundzwanzig tote Kinder bei einem schweren Busunfall, dazu viele Schwerverletzte. Die Fernsehnachrichten sind geprägt von den Bildern verunglückter Kinder und deren verzweifelter Eltern. In meinem Arbeitsfeld Krankenhaus sprechen mich viele Frauen und Männer darauf an, obwohl sie nicht persönlich betroffen sind. „Lauter unschuldige Kinder! Wie kann Gott das zulassen? Wo war Gott, als der Fahrer die Kontrolle über den Bus verlor?"

Es war meistens echte Bestürzung, die zu dieser Frage führte. Seltener hatte ich den Eindruck, dass jemand mir auf diese Weise mitteilen wollte, dass es Gott nicht gibt und er mit seinem Atheismus Recht hat.

Wo war Gott?

Wenn Gott überall ist wie eine sanfte, aber starke Energie des Lebens, dann war er auch bei dem Unfallgeschehen. Aber wie? Und warum hat er es nicht verhindert?

In früheren Zeiten hätten Theologen vielleicht Antworten gegeben, die wir heute nur empört zurückweisen können. Zum Beispiel: Die Kinder, die Gott frühzeitig zu sich genommen hat, hat er besonders lieb. Oder sie büßten für eine versteckte, besondere Schuld, vielleicht auch eine Schuld ihrer Eltern. So denkt heute wohl niemand mehr.

Merkwürdig an der Frage nach Gottes Gerechtigkeit ist in diesem Zusammenhang die Betonung, dass die Kinder „unschuldig" waren, so als wäre der Tod immer eine Art Bestrafung für Schuld. Dabei ist der Tod zunächst nichts anderes als ein natürlicher Teil des Lebens. Ohne den Tod wäre kein innerweltliches Leben denkbar. Und nicht selten wird der Tod als natürliches und freundliches Ende eines langen Lebens herbeigesehnt.

Aber wie soll man den Tod dieser Kinder verstehen? Es gibt erstaunliche Erfahrungen mit sterbenden krebskranken Kindern, wie Krankenhausseelsorgerinnen berichten, die besonders mit Kindern arbeiten. Manche Kinder, die zum Beispiel an Leukämie sterben, können sich besser mit ihrem Tod abfinden als ihre Eltern. Aber natürlich ist dieser Entwicklungsprozess zum Tod hin, auch bei einem Kind, etwas anderes als ein plötzlicher Unfall.

Das Busunglück brachte etwas anderes: Einen vorzeitigen, grausamen Tod, einen brutalen Abbruch von Lebenswegen. Aber auch dieser vorzeitige Tod hat nicht mit einer möglichen Schuld der Opfer zu tun, völlig unabhängig von der Frage, ob es eine juristische Schuld des Busfahrers gegeben hat.

Ich glaube, dass Gott einen solchen frühen, gewaltsamen Tod nicht will. Gott als Urquell des Lebens will, dass wir wachsen und reifen und ein erfülltes Leben finden, dass wir am Ende mit Dankbarkeit aus der Hand geben können.

Wenn es Gott nicht will, warum geschieht es trotzdem?

Vielleicht weil Gott den Naturkräften und den Menschen die Freiheit lässt, zu wirken: Der Firma, die die Bremsen des Busses gebaut hat, dem Fahrer, der am Unfallmorgen vielleicht nicht auf dem Höhepunkt seiner Kräfte war. Gott will das Leben, und uns Menschen obliegt die Aufgabe, so gut wir können, im Sinne Gottes vorzeitige Tode zu verhindern. Die Menschheit hat ja in diesem Sinne große Anstrengungen hinter sich. Sie hat die Medizin weit getrieben, hat den Verkehr entflochten, hat Kriege bekämpft oder eingedämmt. Die Menschheit ist dabei, die Weltwirtschaft gerechter machen. Wenn wir in diesem Sinne unterwegs sind, dann tun wir Gottes Willen.

Warum hat Gott dieses Unglück nicht verhindert?

Mehrmals kam in den Gesprächen über das schreckliche Unglück der Hinweis auf Gottes Allmacht. Wenn Gott nicht nur liebevoll ist, sondern auch allmächtig, dann müsste er doch so ein Unglück verhindern.

Mich brachte dieser Gedanke in eine gewisse Verlegenheit. „Ich habe zwei Antworten auf die Frage, was Gottes Allmacht bedeutet", sagte ich. „Suchen Sie sich eine aus! Die erste Antwort ist, dass Gott in dem Sinne allmächtig ist, dass er alles für unser Seelenheil schon getan hat. Wir müssen also nicht dauernd fragen: Habe ich genug für Gott getan? Gott tut alles für unsere Erlösung, wir brauchen keine komplizierten religiösen Übungen, kein lebenslanges Training, geschweige denn eine Selbstkontrolle, die über viele Lebenszyklen reicht, wie im Buddhismus. Gott ist allmächtig, er hat alles getan. Bei der Rede von der Allmacht Gottes geht es also um die Reifung und Befreiung der Seele, nicht um kleine oder große, schöne oder schreckliche körperliche Ereignisse."

Manche Leute verstehen diese Antwort, manche nicht. Aber fast alle fragen dann nach meiner zweiten Antwort:

„Meine zweite Antwort auf die Frage nach der Spannung zwischen Allmacht und Liebe Gottes? Ich glaube, hier stoßen wir auf eine dunkle, unverständliche Seite Gottes. Gott ist nicht nur ‚lieb' wie wir so leichthin sagen: Der liebe Gott. Gott ist auch unverständlich, verborgen, unbegreifbar, so dass wir irritiert und schmerzvoll klagen. Aber wiederum: Wo sollen wir mit unserer Klage hin, wenn nicht wiederum zu dieser Instanz, von der wir glauben, dass sie das Leben will."

Es ist nicht gut, mit einem Achselzucken über so ein Ereignis wie den plötzlichen Tod von Kindern hinwegzugehen. Es ist nicht gut, den Schmerz schnell wegzuargumentieren. Der Schmerz braucht seinen Platz, in dem er irgendwo ausgesprochen werden kann, irgendjemandem entgegengeschleudert werden kann, gerade der Schmerz über diesen schrecklichen Tod erfordert einen Gott, dem man es klagen kann und den man zur Not auch anklagen kann.

Man könnte sich vorstellen, einst in einer jenseitigen Welt mit Gott noch einmal ins Gespräch zu kommen und dann Antworten darauf zu bekommen, wie Gott eigentlich mit einem solchen massenhaften vorzeitigen Tod umgeht, wie Gott es eigentlich ertragen kann, was er dagegen tut und was er mit all den abgebrochenen jungen Leben vor hat.

Überspitzt gesagt, ist Gott sozusagen noch eine Antwort schuldig. Einstweilen bleibt uns der Schmerz.

Vorher auch nicht gefragt

Herrn Blumes Ehefrau ist schwer an Parkinson erkrankt, und das mit kaum 50 Jahren. Sie kann immer weniger selbst machen, ihre Motorik lässt nach, auch ihre Sprache wird immer verwaschener. Wiederholt muss sie zur Medikamenteneinstellung ins Krankenhaus. Diese Aufenthalte bestimmen mehr und mehr das Leben auch von ihm. Sie ist zunehmend auf Hilfe angewiesen, und es wird für Herrn Blume neben seinem Beruf als in der Stadtverwaltung immer schwerer, seiner Frau gerecht zu werden.

„Wie kommen sie mit ihrer Situation zurecht?" fragte ich ihn, nachdem ich ihn in mein Sprechzimmer im Krankenhaus eingeladen hatte.

„Es ist schwer. Man muss seine Sachen schon sehr gut organisieren, darf sich nicht hängen lassen, sondern muss sehr diszipliniert sein, um mit dieser Situation zurechtzukommen."

Er atmete tief durch und fuhr dann fort: „Und man muss einen Arbeitgeber haben, der hier und da mal ein Auge zudrückt. Gott sei Dank habe ich flexible Arbeitszeiten, das macht manches möglich. Außerdem gibt es ja auch das Recht auf eine Auszeit für die Pflege. Ohne diese Hilfen ginge das alles gar nicht."

Es tat ihm sichtlich gut, sich einmal über seine Belastungen auszuklagen. Ich hörte ihm einfach zu.

„Andere Leute genießen unbeschwert das Leben", setzte ich das Gespräch fort, „fahren einfach in Urlaub, amüsieren sich, beschäftigen sich höchstens mit der Frage, ob sie sich ein größeres Auto leisten können oder nicht. Haben Sie nicht manchmal das Gefühl, dass es ungerecht ist, was Ihnen da geschieht?"

„Ungerecht? Von wem?" fragte er zurück.

„Von Gott, vom Leben, vom Schicksal, wie immer Sie das nennen", antwortete ich.

Er überlegte ein Weilchen.

„Nein", sagte er dann. „Ganz am Anfang habe ich mir diese Frage gestellt, ob Gott nicht ungerecht ist, oder warum er meiner Frau und mir ausgerechnet diese Erkrankung schickt. Aber ich bin ziemlich schnell über diese Frage herübergekommen."

„Und wie?" wollte ich wissen.

„Sehen Sie", erläuterte er, „bis vor zwei Jahren, als wir noch unbeschwert gelebt haben, habe ich auch nicht danach gefragt. Ich habe nicht gefragt, ob es gerecht ist, dass wir gesunde Kinder haben, und andere müssen ein Leben mit behinderten Kindern meistern. Ich habe nicht gefragt, ob es gerecht ist, dass wir immer etwas zu essen und genug Geld hatten, wo doch weltweit viele Menschen hungern. Ich habe nicht gefragt, ob es gerecht ist, dass ich in Ruhe meine Ausbildung und meine berufliche Karriere machen konnte, während andere aus Bürgerkriegsgebieten fliehen müssen, zum Beispiel hierher. Ich habe das einfach so hingenommen. Da ist es doch nicht angebracht, dass ich jetzt voller Selbstmitleid daherkomme und nach Gerechtigkeit frage. Meinen Sie nicht auch?"

Ich nickte. „Das ist ein sehr aufrichtiger und selbstkritischer Standpunkt."

„Und sehen Sie", fuhr er fort, „irgendwie habe ich die ganze Situation ja trotzdem noch im Griff, wenn auch mit vielen Einschränkungen."

Ich nickte wieder.

„Ich danke Gott", fuhr er fort, „für die Ärzte und die medizinischen Hilfen. Ich danke Gott, dass ich so fit bin, meiner Frau helfen zu können. Ich danke für meine Flexibilität am Arbeitsplatz. Ich danke, dass ich hier im Frieden lebe und nicht wie mein Großvater in den Wirren eines Weltkrieges. Ich nehme die Dinge, wie sie kommen, wenn möglich mit einen Stück Dankbarkeit."

Nach Gott riechen

„Meine Mutter liegt im Sterben", sagt mir ein Mann von ungefähr fünfzig Jahren, „und es fällt mir sehr schwer, mit ihr zusammen zu sein. Sie spricht kaum noch, und wenn doch, dann nur merkwürdiges Zeug. Sie ist gar nicht mehr ganz bei sich, sie ist völlig daneben. Aber ich bin ihr einziges Kind und muss sie doch jeden Tag besuchen. Was soll ich ihr bloß sagen?"

„Vielleicht müssen Sie ihr gar nichts sagen, vielleicht einfach nur da sein, ihre Hand halten", antwortete ich. „Vielleicht auch mehr hören als reden. Was hat sie denn Merkwürdiges gesagt?"

„Zum Beispiel hat sie einmal meine Hand genommen, mühsam an ihre Nase geführt und gesagt: Du riechst so gut nach Gott." Er stockte. Dann fuhr er fort: „Ich bitte Sie, Herr Pfarrer, was soll das denn heißen? Wie riecht Gott überhaupt?"

Nun weiß ich nicht, wie Gott riecht. Riecht Gott wie der Weihrauch in der katholischen Kirche? Oder eher frisch wie eine Frühlingswiese im Tau? Oder eher schwer und süß wie ein großer Busch Rosen? Vertraut wie Tee und Weihnachtsgebäck? Oder eher herb und salzig wie das Meer? Oder für jeden anders? Oder in unterschiedlichen Lebenssituationen verschieden?

„Ich glaube nicht", antwortete ich, „dass dieser Satz Ihrer Mutter mit dem tatsächlichen Geruch Ihrer Hände zu tun hatte. Ich denke eher, sie hatte eine Art Geruchshalluzination. Sie hat das gerochen, was ihr in diesem Augenblick seelisch wohl tat."

Ich finde es bemerkenswert, Gott überhaupt mit Geruch in Verbindung zu bringen.

Ich kann jemanden nicht riechen, sagen wir, wenn wir ihn oder sie nicht mögen. Der Gedanke an Gottes Liebe zu den Menschen ist Wohlgeruch und Wohlgefallen, so steht es in der Bibel, wobei zwischen Wohlgeruch und Wohlgefallen nicht unterschieden wird.

Es steckte Liebe in dem Satz der sterbenden Frau. Sie war auch nicht einfach „daneben", sondern schon halb in einer anderen Welt. Und vielleicht bezog sich ihr Geruchserlebnis auch gar nicht auf Gott selbst, sondern auf seine Verheißungen. Verheißungen kann man riechen, zum Beispiel wenn man an einer Bäckerei vorbeigeht. Wenn Gott uns in seine erlöste neue Welt führt, wie wird es dort riechen? Gibt es einen Geruch des Paradieses?

Und welcher Geruch löste für Sie als Kind paradiesische Gefühle aus?

„Mit diesem Satz hat Ihre Mutter Ihnen ein großes Geschenk gemacht", sagte ich zu dem Mann.

„Wieso?" fragte er.

„Sie hat indirekt gesagt, dass Sie ihr angenehm sind, sonst hätte sie nicht so positiv auf ihre Hand reagiert. Und noch mehr: Sie hat Ihnen in ganz kurzen Worten gesagt, wo sie sich befindet, auf dem halben Weg in eine andere Welt. Sie hat sogar Aussagen gemacht über diese andere Welt: Da gibt es nichts zu fürchten, da gibt es paradiesische Gerüche und Verheißungen."

Der Sohn war nachdenklich geworden.

„Vielleicht, wenn Sie Ihre Mutter wieder besuchen, nehmen Sie es nicht als Aufgabe oder als Pflicht, sondern als Geschenk, das Ihre Mutter Ihnen macht. Sie kommen am Sterbebett Ihrer Mutter zur Ruhe, Sie haben die Möglichkeit, über das Wesentliche im Ihrem Leben nachzudenken, Sie spüren etwas, was Sie sonst übertönen, Sie spüren vielleicht sich selbst mehr als sonst, Sie verlieren möglicherweise ein wenig Ihre eigene Angst vor dem Sterben."

Kapitel 9
Trost finden über den Tod hinaus

Oft hört man die Meinung, dass die Vorstellung von einem Jenseits die Gestaltung und den Genuss dieses Lebens beeinträchtigt. Als Seelsorger habe ich die Erfahrung gemacht, dass es eher umgekehrt ist: Das Vertrauen darauf, dass unser bekanntes Leben nicht alles ist, scheint eher dazu beizutragen, dass man Todesfälle und Schicksalsschläge leichter sprachlich und seelisch verarbeiten kann. Freude am irdischen Leben und Freude am Jenseits sind kein Widerspruch.
Nun kann kein Mensch definieren oder eindeutig aussagen, wie das Jenseits ist, einmal vorausgesetzt, dass es das gibt.

Menschen, die damit in Berührung kommen, sei es durch Traum oder spirituelle Erfahrung, nähern sich in ihren eigenen Bildern daran an. Diese Bilder sind sehr individuell und kreativ, unkonventionell und liebevoll und keineswegs deckungsgleich mit der historisch-kirchlichen Vorstellung vom „Jüngsten Gericht", bei dem Christus auf seinem Thron die Guten und die Bösen unterscheidet und die einen in den Himmel, die anderen in die Hölle schickt. Im Erleben heutiger Menschen kann die Seele eines Verstorbenen zum Beispiel wie ein Schmetterling erscheinen, der in das ewige Licht hinwegflattert.

Alle Wirklichkeit, die wir erleben, ist eine Mischung aus Wahrnehmung und Interpretation, aus Sinnesreiz und inneren Bildern, die wir damit verknüpfen. Man könnte also sagen, das Leben schickt der Seele die inneren Bilder, die sie zur Verarbeitung der Todessituation benötigt. Es ist erkenntnistheoretisch einseitig zu behaupten, der verwesende Körper sei Realität und die Vorstellung von der sich verwandelnden Seele „nur" Wunschdenken, also von minderer Qualität. In einer solchen Unterscheidung steckt eine gewisse Überheblichkeit.

Die Begegnung mit Menschen an der Schwelle zum Tod ist oft sehr berührend und segensreich. Das kann man in der Seelsorge immer wieder erfahren.

Was bedeutet das für den Wunsch nach selbstbestimmtem Sterben, wie er in der Debatte zur Sterbehilfe immer wieder geäußert wird? Aus christlich ethischer Sicht ist es ein Dilemma, einerseits die Selbstbestimmung jedes Menschen auch angesichts des Todes zu respektieren, andererseits die Verpflichtung der Gesellschaft zu achten, Menschen bis zum Tode zu pflegen, und sie nicht in den naheliegenden Ausweg der Selbsttötung zu drängen.

Schon halb im Jenseits

Herr Meier besucht seine alte, nur leicht demente Mutter jeden Tag in einem psychiatrischen Krankenhaus. „Ich verstehe meine Mutter nicht", sagt er mir, „sie ist jeden Tag anders, bei manchen Besuchen so lebensfroh, bei anderen wieder spricht sie nur davon, wie schön es im Himmel ist. Ist sie nun lebensfroh oder lebensmüde?"

„Wenn ich Sie richtig verstehe", antwortete ich, „dann ist Ihre Mutter eigentlich bei jedem Besuch positiv gestimmt."

„Ja, aber manchmal bezieht sich das auf das Leben, und manchmal auf den Tod", ergänzte Herr Meier.

„Nicht auf den Tod", sagte ich, „sondern auf ihre Vorstellung vom Danach. Es ist überhaupt kein Widerspruch, das Leben zu lieben und das Jenseits auch."

„Aber wenn ich tot sein will, dann verneine ich doch diese Welt und den Sinn meines Lebens. Mit dem Tod ist alles aus", wandte Herr Meier ein.

„Ich glaube, für Ihre Mutter ist es nicht so. Fragen Sie sie doch mal, wie es im Jenseits ist, wie sie es sich vorstellt und gehen Sie ein Stück mit ihr in diesen Traum vom Himmel hinein!"

Herr Meier versprach, es einmal zu versuchen.

Viele Menschen heutzutage gönnen sich kein lebendiges Bild mehr vom Jenseits, vom Himmel. Sie halten das für kindisch. Selbst Theologen sind manchmal sprachlos, wenn sie nach dem ewigen Leben gefragt werden. Dabei tut eine lebendige, konkrete Vorstellung vom Jenseits sehr gut. Und damit meine ich nicht das Drama von dem großen Gericht, bei dem alle Sünden gnadenlos abgerechnet werden und die einen in den Himmel, die anderen in die Hölle kommen. Diese Idee ist in der Religionsgeschichte aufgekommen, als die Menschen unter schrecklichen Tyrannen litten. Die mächtigen Übeltäter sollten bestraft werden, wenn nicht hier, dann wenigstens im Jenseits, und man selbst als Opfer sollte Gerechtigkeit erfahren. In dieser Situation der Unterdrückung hatte die Vorstellung vom himmlischen Gericht etwas Entlastendes und Lebensförderndes.

Wenn ich mit Menschen über den Himmel spreche, sind es oft ganz andere Vorstellungen, die mir erzählt werden. Der Himmel ist wie ein Spaziergang durch eine Frühlingslandschaft. Die Sonne wärmt und die Schritte sind leicht. Oder: Im Himmel komme ich nach Hause, an einen Ort der Sicherheit, wo mir keine Gefahr mehr drohen kann. Für viele am bewegendsten ist die Vorstellung, im Jenseits die Menschen wiederzusehen, die in ihrem Leben wichtig waren: Vater oder Mutter, Ehefrau oder Ehemann. Eine ewige Gemeinschaft mit denen, die man liebt.

Es ist eine ergreifende Erfahrung, mit alten Menschen über den Tod und das Danach zu reden. Da geht es manchmal um den Kummer, etwas im Leben verpasst zu haben, Wünsche, die nicht in Erfüllung gegangen sind. Es geht oft um die Angst, Dinge unerledigt lassen zu müssen oder bestimmte Verpflichtungen nicht mehr einhalten zu können. Aber es öffnet sich auch der Blick in eine großartige Welt Gottes.

Herr Meier sagte mir später, dass er ausführlich mit seiner Mutter über das Jenseits gesprochen habe, über den

Frieden dort, über Licht und Farbe, Musik und Engel.

„Das hat mir gut getan", sagte er.

„Inwiefern?"

„Ich verstehe meine Mutter nun besser. Und ich habe angefangen, meinen Alltag mehr zu lieben, Momente der Ruhe und der Besinnlichkeit, zum Beispiel auch gute klassische Musik."

„Dann sind ja auch für Sie Lebensfreude und Freude am Jenseits kein Gegensatz mehr?" fragte ich.

Da schmunzelte er.

Suizident

„Der junge Mann will nicht mehr leben, und wir können machen, was wir wollen, wir kommen sprachlich nicht an ihn heran", berichtet mir der Therapeut. „Wir wollen ihn auch nicht dauernd unter Medikamenten halten. Aber wir haben Angst, dass er seine Lebensbejahung nicht wiederfindet. Sie haben doch einen anderen Blickwinkel, vielleicht öffnet er sich Ihnen gegenüber."

„Ich kann nichts versprechen", antwortete ich dem Psychologen, „aber ich kann ja mal probieren, mit ihm zu reden. Wenn er selbst damit einverstanden ist".

Ich suchte den jungen Mann auf. Er wirkte sehr zurückgezogen, hatte irgendwie einen verhangenen Gesichtsausdruck. Seine Kleidung war vernachlässigt, sein ganzes Mienenspiel ausgebremst. Er hatte auch seit Tagen kaum etwas gegessen, nur Wasser getrunken. Es war, als säße er hinter einer Nebelwand.

Ich stellte mich als Seelsorger vor.

„Jetzt versuchen Sie nicht, mich zu überreden, dass ich mich ändern soll!" sagte er in abwehrendem Ton.

„Nein", versprach ich, „das versuche ich nicht, ich versuche Sie zu verstehen."

Es ergab sich ein Gespräch, zunächst über das Krankenhaus, in dem er Patient war, dann über sein Studium der Biologie, Themen fernab von seinen Suizidgedanken.

Aber irgendwie ergab sich doch, dass unser Gespräch mehr und mehr um den Tod kreiste, ja wir fingen gemeinsam an, uns auszumalen, dass es schön sein könnte, tot zu sein. Vielleicht kämen wir dann in eine andere Welt.

„Dann wären alle Probleme vorbei, dann brauchte man nicht immer in Konkurrenz zu sein und sich abzuhetzen, dann könnte man schlafen und dösen, so viel man will, dann gäbe es nur noch Wärme und keinen Hass und keine Konflikte mehr", so in etwa äußerte er sich.

Ich versuchte, ihn auf seine Konflikte anzusprechen und fragte, warum er zu hassen angefangen hatte Aber er wollte nicht darüber reden. Stattdessen schwärmte er mehr und mehr von einem anderen Leben und stellte sich den Tod als Eingangstor dazu vor.

Eigentlich träumte er, in religiöser Sprache ausgedrückt, vom ewigen Leben, dachte ich mir und nannte ihm diese Bezeichnung.

„Nennen Sie es, wie Sie wollen", räumte er ein, „auf jeden Fall ein Leben in Übereinstimmung mit der ganzen Welt. Wenn Sie verstehen, was ich meine."

Es war eine Art Verschmelzungsphantasie, die er da äußerte, etwas Unreifes, denn diese Harmonie und Übereinstimmung mit der ganzen Welt gibt es wohl nicht. Oder gibt es sie doch, wenigstens von Zeit zu Zeit, etwa in dem Erleben von Mystikern?

Auffällig war, dass er auf einmal sehr lebendig wirkte, als er vom ewigen Leben sprach, sein Mienenspiel wurde bewegt, er gestikulierte mit den Armen, seine Stimme bekam Klang und Farbe.

Noch erstaunlicher war, dass er auf einmal zu einem Apfel griff, der schon seit ein paar Tagen auf seinem Nachtisch gelegen hatte. Im Gedanken an das ewige Leben hatte er anscheinend sogar Hunger bekommen.

Ich ging eine Weile mit ihm hinein in diese wunderschöne Phantasie eines Daseins in ewiger Freude und Eintracht. Er war, könnte man sagen, fast glücklich, diese Phantasien einmal teilen zu können.

„Die Probleme, die Sie aktuell haben", sagte ich dann, „die werden vielleicht schwer sein und unüberschaubar. Sie haben ja davon nicht geredet. Aber ich glaube nicht, dass Sie unlösbar sind. Nach und nach, sicher nicht alle auf einmal, wird man sie lösen können oder lernen können, damit umzugehen. Aber was ich Ihnen eigentlich sagen will, ist: Sie können immer wieder in diese Phantasie vom befreiten Leben zurückgehen, immer wieder hin zu diesem Traum und dort Kraft tanken. Sie können nicht immer dort verharren, nicht 24 Stunden am Tag, aber mehrmals am Tag können Sie dorthin und eine Pause zum Aufatmen nehmen."

Er nickte.

Ich erzählte ihm von den Mystikern, die dieses „ozeanische Gefühl" immer wieder einmal für einige Momente gehabt hatten.

Ich glaube, er fühlte sich verstanden, und das wertschätzende Sprechen über das Jenseits half ihm, wieder in die Kommunikation zu kommen.

Viele Leute sagen, dass der Gedanke an ein Leben nach dem Tod dazu führt, dass man dieses Leben vor dem Tod nicht genießt, nicht genug würdigt oder etwas verpasst. Häufig habe ich, wie bei dem jungen Mann dieser Geschichte, das Gegenteil erlebt. Der Gedanke an ein Leben nach dem Tod befreit eher zur Lebendigkeit hier. Man muss nicht verkrampft alles im Hier und Jetzt suchen, man darf träumen. Man darf so viel verwirklichen in diesem Leben, wie es möglich erscheint, ohne krampfhaft alles hineinpressen zu müssen. Ein Leben in idealer Harmonie, einen Rosengarten gibt es hier auf Erden nicht. Wer sich wie dieser junge Mann das ewige Leben ausmalt, schützt sich aber vor destruktivem Pessimismus in Bezug auf unsere Welt.

Paradoxerweise war für diesen jungen Mann sein Jenseits-Traumbild eine Hilfe zum Überleben im Diesseits. Es war wie eine Notration für seine geschundene Seele, aus der er die Kraft zog, weiterzumachen. Gottes heilsame Bilder, wie hier das vom ewigen Leben in Harmonie, kann man manchmal nur verstehen, wenn man mit Paradoxien rechnet.

Schmetterling in der Wüste

Frau Brach ist eigentlich eine religiöse Frau. Sie vertraut von Kindheit an darauf, dass die höhere Macht Gottes es gut mit ihr meint. Da erkrankt ihr 18jähriger Sohn an Leukämie. „Ich habe so viel für ihn gebetet, und wir haben alles Mögliche für ihn getan", sagt Frau Brach, „aber schließlich ist er doch an der Krankheit gestorben. Jetzt ist in mir alles leer, wie in einer Wüste. Ich kann nicht mehr richtig an Gott glauben, ich kann nicht einmal mehr richtig beten."

Ohne Vertrauen können wir nicht leben. Frau Brach hat anscheinend aus ihrer Kindheit viel davon mitgebracht und hat es sich lange im Erwachsenenalter erhalten können, bis dann die Katastrophe eintrat und Ihr Sohn lebensbedrohlich erkrankte. Ihr Gottvertrauen geriet in eine schwere Krise.

Sie versuchte, dieses Vertrauen durch größere Anstrengungen, durch vermehrtes Beten, aufrechtzuerhalten. Es ist völlig verständlich, dass man in einer Krise mehr von dem mobilisiert, was bisher geholfen hat.

Es ist auch richtig, mit Gott zu verhandeln, zu bitten, Versprechungen zu machen, seinen Zweifel und seine Verzweiflung zum Ausdruck zu bringen. All diese Gefühle müssen ihren Ausdruck finden und Gott ist durchaus ein geeignetes Gegenüber dafür.

Sie und ihr Mann hatten natürlich alles getan, um die optimale medizinische Behandlung ihres Sohnes zu gewährleisten Sie hatten alle Möglichkeiten ausgeschöpft, die die moderne Medizin bietet, um diese Krankheit zu heilen.

Dennoch hatte das Leben ihren Wunsch nicht erhört. Ihr Sohn ist gestorben.

Dass die Welt frei von grausamer Krankheit, von ungerechtem Leiden, von Schmerz ist, dass können wir uns erträumen, aber wir können es durch keine Anstrengung herstellen, weder durch Handeln noch durch Beten, so sehr wir es auch möchten. Gott ist kein Automat, der unsere Wünsche erfüllt, wenn wir nur intensiv genug zu ihm beten, mögen die Wünsche auch noch so berechtigt und verständlich sein.

Es ist völlig normal, dass für Frau Brach eine Depression folgte, sich eine innere Leere einstellte. Sie hatte zeitweise das Gefühl, als wäre auch in ihr etwas gestorben, als wäre auch sie innerlich tot. Sie benutzte oft das Bild der Wüste, um diesen Zustand zu beschreiben: trostlos, lebensfeindlich, scheinbar unendlich. Die Wüste ist in religiöser Symbolik allerdings nicht nur ein Ort der Entbehrung, sondern auch ein Ort besonderer Offenbarung, ein Ort, an dem Gott sich aufs Neue zeigt. Nach Monaten gewann Frau Brach ihr Gottvertrauen wieder. Und es war gestärkt und gereift.

Die Änderung trat mit zwei neuen Gedanken ein. Sie stellte sich eines Tages die Frage, wie sie durch das Leben ihres Sohnes beschenkt worden war, auch wenn es zu kurz war, wie viele berührende, beglückende Momente sie mit ihrem Sohn erlebt, wie viel seelischen Reichtum sie erfahren hatte. Damit begann eine tröstliche Entwicklung für sie.

Und eines Tages sah sie einen weißen Schmetterling über die Büsche flattern und ihr kam der Gedanke: Die Seele meines Sohnes ist, schön wie dieser Falter, in eine andere Welt geschwebt und lebt dort in der Sonnenwärme, in Schönheit und Licht. Eines Tages werde ich auch wie ein Schmetterling zu ihm fliegen.

Ewiges Leben

Drei alte Herrschaften sitzen bei Tisch in einem Altenheim. Zufällig erfahren sie, dass ich Pfarrer bin. Sofort kommt die Frage: „Gibt es ein Leben nach dem Tod?" Der Mann sagt: „Wir leben nur in unseren Kindern weiter." Aber die beiden Damen bestehen darauf: „Es muss auch für uns selbst ein Leben danach geben. Glauben Sie nicht auch an ein Leben nach dem Tod?"

Für die drei war die Frage dringlich, sie wurde nicht einfach so gestellt, sondern war existentiell wichtig. Wer in der letzten Phase seines Lebens ist und nicht mehr viel zu erwarten hat, für den bekommt die Frage nach dem „Danach" Gewicht. Er wird sich nicht so leicht trösten lassen mit der Vorstellung, dass wir in unseren Kindern weiterleben oder in unseren beruflichen Erfolgen.

Nun existieren keine rationalen Beweise dafür, dass es ein Leben nach dem Tod gibt. Auch das Erscheinen von Verstorbenen im Traum oder die vielen Erlebnisse mit Geistern Verstorbener sind kein Beweis. Allerdings gibt es auch keine Beweise für das Gegenteil.

Wenn Bewusstsein für uns an Körperlichkeit gebunden ist, heißt das nicht, dass es nicht andere Formen von Bewusstsein geben könnte, in denen wir nach dem Tod aufgehoben sein könnten.

Viele meinen auch, sie müssten die Vorstellung vom Leben nach dem Tode ablehnen, weil sie den Wert des Lebens vor dem Tode vermindere. Aber das trifft nicht zu, im Gegenteil. Wenn mit dem Erlöschen des Bewusstseins, wie wir es kennen, keine andere Form der Existenz mehr denkbar ist, dann wird in dem Moment des Erlöschens alles gleichgültig, was vorher war. Seelisches Wachstum, Liebe, Reifung der Persönlichkeit, alles das spielt ja keine Rolle mehr, wenn die Person im Augenblick des Todes vernichtet wird.

Es gibt für diejenigen, die das Jenseits ablehnen, keinen Grund, sich intellektuell überlegen zu fühlen. Merkwürdigerweise sind unter denjenigen, die den christlichen Gedankens vom ewigen Leben verachten, viele, die andere Ewigkeitsvorstellungen begierig aufnehmen, zum Beispiel die von der Wiedergeburt.

Aber wie kann man sich das Leben danach vorstellen? Für mich steht der Gedanke der Verwandlung im Vordergrund. Aus der leidvollen Existenz wird ewige Freude, aus der Begrenztheit meiner Sicht wird ein universales Verständnis, aus meinen unbeantworteten Fragen wird klare Erkenntnis. Aus Schwere wird Leichtigkeit, aus Armut seelischer Reichtum. Die überwältigende Größe und Liebe des Höchsten wird mich empfangen, meine Tränen trocknen, mir über meine Grenzen hinweghelfen. So etwa stelle ich mir ewiges Leben vor. Nicht einfach: Es geht weiter wie bisher. Stattdessen: Ich werde umgewandelt, in einer Art und Weise, wie ich sie mir bisher gar nicht vorstellen kann.

In etwa so habe ich es auch den drei alten Herrschaften am Essenstisch im Altenheim gesagt. Man konnte spüren, dass ihnen dieser Gedanke gut tat. „Ein schöner Gedanke", sagte denn auch der Mann. Und eine andere: „So ungefähr glaube ich das auch."

Die Vorstellung von einem Leben danach nimmt der Bedeutung des diesseitigen Lebens nichts weg, sondern gibt ihr Tiefe und Würde. Die Drei spürten das und atmeten entspannt auf. Sie warteten eben nicht nur auf den Tod, sondern auch auf die Ewigkeit, voller Sinn und Schönheit.

Das Leben loslassen

„Ich möchte gerne mit Ihnen reden", sagt Frau Brodt zu mir, „aber versuchen Sie nicht, mich von meinem Vorhaben abzubringen. Ich habe Kontakt aufgenommen mit einer Sterbehilfeorganisation und werde mich zum Herbstanfang verabschieden. Ich will diesen Herbst und Winter nicht mehr erleben müssen."

Frau Brodt war über achtzig Jahre alt. Sie hatte ständig Schmerzen. Sie war alleinstehend, nie verheiratet, kinderlos. Sie suchte eine Möglichkeit, auf würdige Weise aus dem Leben zu scheiden. Sie hatte schon zwei Suizidversuche unternommen, die aber nicht „gelungen" waren. Ihr fehlten die richtigen Medikamente.

Ich mochte Frau Brodt. Ich kannte sie schon lange und hatte sie seelsorglich begleitet. Ich hatte ihr immer wieder Mut zum Leben gemacht. Sie hatte meine seelsorgliche Arbeit unterstützt, in dem sie immer wieder im Freundeskreis Geld dafür sammelte, damit ich Leuten mit finanzieller Not ein wenig weiterhelfen konnte.

Sie liebte auch Gedichte und humorige kleine Geschichten und hat für meine eigene Sammlung solcher Texte einiges beigetragen.

Aber sie hatte Schmerzen, mehr als sie ertragen konnte. Die Schmerztherapie, sagte sie, half nicht mehr richtig, obwohl sie bei einem Schmerzspezialisten in Behandlung war. Die Möglichkeiten waren ausgereizt. Sie konnte sich kaum noch bewegen.

Sie suchte den Kontakt mit mir, um sich bei mir für die langjährige seelsorgliche Begleitung zu bedanken, wie sie sagte. Auf keinen Fall, sagte sie, wolle sie von ihrem Vorhaben durch mich abgehalten werden. Sie suchte vielmehr Antwort auf die Frage: Kann ich mit Gottes Segen aus diesem Leben gehen, oder muss ich es gegen Gott tun?

Keine einfache Frage!

Wenn Gott Urquell und Kraft des Lebens ist, kann man dann mit diesem Urquell in Übereinstimmung sein, wenn man ein schmerzvolles Leben von sich aus beendet? Wenn unser Leben Gott gehört, haben wir dann das Recht, es aufzugeben, wenn es schmerzvoll wird?

Nach der Bibel ist der Tod vorläufig. Gott ruft die Toten wieder zu sich und zu neuem Leben, führt sie in einem großen Zug in eines neues Land. Kann man vielleicht den Rückzug aus dem körperlichen Leben hier als eine Art Flucht zu Gott hin verstehen, jedenfalls, wenn man im Gottvertrauen aus diesem Leben scheidet?

Frau Brodt hatte keine Verpflichtung gegenüber Kindern oder anderen Menschen, für die sie verantwortlich wäre, allerdings auch keine seelische Unterstützung durch Angehörige. Wäre es von Gottes Seite nicht fast grausam, wenn er verlangen würde, dass sie ein Leben fortsetzt, das für sie nur Leiden bedeutet? Warum sollte der Urquell des Lebens wollen, dass Menschen leiden?

Aber umgekehrt, vielleicht wollte Frau Brodt zu schnell aus dem Leben? Vielleicht sah sie nicht die Möglichkeit, in einer anderen Umgebung wieder Lebensfreude zu bekommen. Sie hatte sich immerhin Altenheime angesehen, war allerdings zu dem Schluss gekommen, dass ein Heim nichts für sie wäre. Sie würde nach ihrer Überzeugung dort nicht wirklich wertschätzend behandelt werden. Nein, da war sie sich sicher, sie wollte nicht mehr.

Ihr Entschluss wühlte mich sehr auf. Wie ich es auch drehte und wendete, ich kam immer wieder bei einer gewissen Ratlosigkeit an. Ich zergrübelte mir tagelang das Gehirn, wie ich sie überzeugen könnte, weiter zu leben. Ergebnislos. Danach grübelte ich darüber, ob es meine Aufgabe als Seelsorger wäre, sie vom Leben zu überzeugen, oder ob es nicht einfach meine Aufgabe wäre, sie zu begleiten. War ich ihr verpflichtet, oder der Moral meiner Kirche, nach der Suizid nicht sein soll?

Ich zergrübelte mir weiterhin den Kopf, wie ich mit ihr reden konnte, ich wollte sie nicht in ihrem Entschluss bestärken und andererseits auch nicht alleine lassen, wenn sie denn dabei bleib, sich aus dem Leben zu verabschieden. Ich kam zu dem Schluss, dass es korrekt wäre, ihr meine eigene Ambivalenz offenzulegen. Ich sagte ihr immer wieder, dass ich einerseits nicht davon überzeugt wäre, dass sie das Richtige tut, dass ich aber andererseits hohen Respekt vor ihrer Entscheidung hätte und sie nicht im Stich lassen würde.

So verging die Zeit, bis sie sich tatsächlich eines Tages aus dem Leben verabschiedet hatte, nicht ohne mir noch einmal einen großen Dank auszusprechen für meine Begleitung.

Kirchen lehnen aktive Sterbehilfe ab, und das aus gutem Grund. Denn wenn Sterbehilfe gut geheißen würde, wenn dieser Ausstieg aus dem Leben normal wäre, dann wären Tor und Tür geöffnet, damit sich die Gesellschaft ihrer Betreuungsverpflichtungen und Pflegeverpflichtungen entledigen kann. Aus der Freiheit zum selbstbestimmten Tode wird, ehe man sich versieht, eine Art moralischer Verpflichtung zum „selbstbestimmten" Tod, damit der Familienbesitz geschont und die junge Generation nicht über die Maßen belastet wird.

Die Entscheidung von Frau Brodt, ihr geplantes Handeln, ihre Dankbarkeit dem Leben gegenüber hat mich sehr aufgewühlt und nötigt mir bis heute Respekt ab. Ich bin mir eigentlich sicher, dass sie sich mit Gottes Segen aus dieser Welt verabschiedet hat.

Mann im Baum

Frau Steiner ist von ihrer Arbeit gekommen und hat die Leiche ihres Mannes gefunden. Der hat sich im Garten des gemeinsamen Hauses an einer Buche aufgehängt. Sie ist außer sich. Sie zittert am ganzen Körper. Die Polizei ruft mich an, um der Frau beizustehen. Auch ein erwachsener Sohn ist da.

Ich bat Frau Steiner, mit mir in einen separaten Raum zu gehen. Sie zitterte, war kaum in der Lage zu sprechen, nickte bloß. Ich besorgte eine Flasche Wasser und zwei Becher. Wir tranken einen Schluck. Sie brauchte einfach erst einmal etwas Abstand und Ruhe. Tröstliche Worte, die in dieser Situation angemessen gewesen wären, fielen mir nicht ein.

„Erzählen Sie, wie es gewesen ist!" bat ich schließlich, als ich das Gefühl hatte, dass sie so weit war.

Sie erzählte von ihrem Heimweg von der Arbeit. Sie berichtete auch viele unbedeutende Einzelheiten: „Ich hab noch gedacht, dass ich den Wagen mal wieder in die Waschanlage bringen müsste." Solche Nebeninformationen sind oft wichtig. Ein zutiefst erschütterter Mensch hält sich oft fürs Erste daran fest.

Dann erzählte sie, wie sie gekommen war und ihren Mann da hängen sah. Ihre Stimme versagte.

„Erzählen sie mir von ihrem Mann", bat ich sie.

„Er hatte Probleme", brachte sie stockend heraus, „mir war klar, dass er alles andere als glücklich war. Er war mit seinen 58 Jahren arbeitslos geworden, zu jung, um in Rente zu gehen, zu alt, um noch eine vernünftige Anstellung zu finden. Darunter hat er sehr gelitten. Dabei hätten wir gar kein Geldproblem gehabt, ich arbeite ja noch und wir hätten zur Not unser Haus beleihen können. Er war immer so eigensinnig, so verschlossen. Ich glaube, er war der Meinung, sein ganzes Leben ist nichts wert, wenn er kein

Geld verdient. Er musste sich selbst ständig durch Geldverdienen beweisen, dass er etwas wert ist."

Frau Steiner schluchzte. „Ich war doch nicht schuld, dass seine Firma ihn entlassen hat. Ich kann doch nichts dafür, dass er sich so überflüssig vorkam."

„Sie konnten ihn da nicht beeinflussen", sagte ich einfühlsam.

„Ich konnte doch nicht ständig auf ihn aufpassen, einer musste doch arbeiten gehen", schluchzte sie.

Merkwürdig, dachte ich, dass bei so einem tragischen Ereignis immer sogleich die Frage nach der Schuld aufkommt, obwohl diese Frage in der augenblicklichen Situation bestimmt nicht weiterhalf.

„Hat er denn Andeutungen gemacht, dass er...sich das Leben nehmen will?" fragte ich zögernd.

„Nicht so direkt. Aber er hat immer gesagt: Es ist alles Scheiße, es ist alles nichts mehr wert. Er hat sich auch von mir zurückgezogen, mich nicht mehr in den Arm genommen, nicht mehr geschmust, und jetzt ist er tot."

„Sie haben sich bestimmt Sorgen um ihn gemacht in der letzten Zeit", vermutete ich.

„ Ja, Sorgen, aber anscheinend nicht genug. Ich hätte nicht gedacht, dass er so weit geht. Es war doch nicht nötig, was er getan hat. Wir hätten das doch gemeinsam geschafft!"

An dieser Stelle klang zum ersten Mal in Frau Steiners Worten etwas wie Ärger auf ihren Mann mit: „Er hat sich vom Acker gemacht, ohne Rücksicht auf Verluste, ohne Rücksicht auf mich."

Ich nickte einfühlsam und bestätigend.

Dann fiel mir eine andere Deutung ein: „Er ist jetzt da, wo er hinwollte."

Die Frau guckte mich groß an. Dann fing sie an zu weinen.

„Glauben Sie an eine jenseitige Welt?" fragte sie mich.

„Ja", antwortete ich, „und Sie?"

„Weiß nicht", antwortete die Frau.

„Wenn es diese jenseitige Welt gibt, dann findet er dort jetzt seinen Frieden", sagte ich. „Hier hinterlässt er Chaos, dort findet er Erlösung seiner Seelenqual. Sie haben den ganzen Mist am Hals, den Schmerz, den Unfrieden, das aufgewühlte Gefühl, das ganze Elend."

Frau Steiner weinte und nickte. Ihre Sprachlosigkeit war ein Stück weit überwunden, ihre Emotionen waren durchgebrochen. Die Gefühle waren in Fluss gekommen, das stumme Zittern war gewichen. Sie konnte den Schmerz spüren und tat damit einen wichtigen Schritt zur Verarbeitung, die allerdings sicherlich noch lange dauern würde.

Der Gedanke an die mögliche Schuld hatte dabei nicht geholfen. Eher schon das Glas Wasser, das wir miteinander tranken. Oder die Möglichkeit des Redens im geschützten Raum. Auch die Aussage, dass ihr Mann jetzt sein Ziel erreicht hatte, trug zum Beginn des Verarbeitungsprozesses bei.

Traum – Realität

„Ich habe Angst, wenn ich bedenke, dass meine Lebenszeit immer kürzer wird", sagt mir ein 61 Jahre alter Freund. „Diese Angst treibt mich ständig um." „Hast du denn überhaupt keine Vorstellung von einem Leben danach?" fragte ich ihn, „ich denke jetzt gar nicht mal an eine christliche Jenseitsvorstellung. Hast du überhaupt eine?" „Nein", antwortete er, „überhaupt keine."

Mein Freund war völlig gesund, als wir dieses Gespräch führten und hatte normalerweise noch eine Lebenserwartung von vielen Jahren, vielleicht von Jahrzehnten, vor sich. Er hatte mich auf dies Thema angesprochen, weil er vermutete, dass ich weniger unter der Angst vor der Begrenzung der Zeit leiden würde. Ich bestätigte ihm dies, schränkte aber ein: „Mir fällt es schwer, daran zu denken, dass ich mit zunehmendem Alter das eine oder andere nicht mehr kann, was mein Leben jetzt schön macht, zum Beispiel zu musizieren. Aber ich hoffe, dass diese Abschiede langsam kommen. Vielleicht wird manches mir dann auch mühsam, und ich bin ganz froh, es aufzugeben. Dann kann ich noch daran denken, mich erinnern oder davon träumen."

Wir schweigen einen Moment.

„Wie verstehst du denn den Tod?" fragte ich ihn.

„Der Tod ist das Ende von allem", sagte er, „mit ihm ist alles aus."

„Also nicht irgendwie eine Umwandlung, ein Tor zu einer anderen Wirklichkeit? Irgendetwas in der Art?" fragte ich.

„Nein", antwortete er und setzte hinzu: „Nichts davon. Aber komme mir jetzt bitte nicht mit der christlichen Antwort, vom Auftritt vor dem Richterstuhl Christi und vom ewigen Leben. Das kann ich alles nicht glauben."

Mein Freund ist Atheist und alles, was sich irgendwie mit einer Vorstellung von Gott verbindet oder davon ableitet, ist ihm zuwider.

„Darf ich einmal versuchen, das, was ich glaube, in atheistischen Worten auszudrücken? Vielleicht kannst du dann etwas damit anfangen."

„Nur zu!" sagte er.

Stockend versuchte ich es.

„Das, was mich im Leben zufrieden macht, ist eigentlich nicht die platte Realität, sondern eine Mischung aus Realität und Traum: Ein Eis essen und in der Fantasie an einem schönen südlichen Strand sein zum Beispiel, eine Leistung zu vollbringen und mir vorzustellen, dass ich dafür Anerkennung bekomme. Realität und Traum. Wenn ich nun älter werde, dann besteht mein Glück vielleicht in immer weniger Realität und immer mehr Traum. Und ich sehe den Tod als einen Abschied aus der Realität, wie wir sie kennen, in den Traum, dass heißt, in eine andere spirituelle Realität."

Er guckte mich nachdenklich an.

„Meine Mutter war vor ihrem Tod zunehmend dement", setzte ich fort. „Sie brauchte nur noch ganz wenig Realität. Ein bisschen Wärme des Sonnenlichtes genügte ihr, um in der schönsten aller denkbaren Welten zu leben, bei ihren verstorbenen Liebsten, ganz und gar glücklich. Sie dachte gar nicht an den Tod, nur an ein nach Hause kommen."

Mein Freund war nachdenklich geworden. Wir sprachen noch ein wenig weiter über diese Thematik. „Aber das ist doch nur Traum", sagte mein Freund, „es ist nicht real".

„Es ist genauso real oder irreal wie deine Vorstellung, dass mit dem Tod alles aus ist", antwortete ich. „Du kannst wählen."

Kapitel 10
Unterschiedlich und frei

Gotteserfahrung ist immer unterschiedlich, für jeden Menschen anders, je nachdem, was in einer bestimmten Situation weiterhilft. Gotteserfahrung ist in der Stunde der Angst anders, als wenn es zum Beispiel darauf ankommt, seiner Verantwortung für die Mitmenschen gerecht zu werden. Und doch ist das Göttliche nicht beliebig, sondern hat immer das Ziel, einen Menschen seelisch wachsen zu lassen, oder anders gesagt, die kranke Seele zu heilen.

Schon in der Bibel gibt es sehr unterschiedliche Bilder, die demonstrieren, wie Gott in Erscheinung tritt, je nach Adressat und Situation verschieden: Vom starken Löwen bis zum sanften Windhauch, vom thronenden Herrn und Richter bis hin zum Arzt und sogar bis hin zum mütterlichen Schoß. Bildlich gesprochen ist Gott also nicht darauf bedacht, dass ja kein falscher Gedanke über ihn auftaucht, sondern eher darauf, dass etwas Heilig-Heilsames in der Seele aufleuchtet. Selbst im Koran hat Gott neunundneunzig Namen und noch einen Hundertsten, den kein Mensch kennt und der immer für Überraschung gut ist.

Man erlebt in der Seelsorge oft, dass Menschen durch ein Entdecken oder Wiederentdecken der göttlichen Bildersprache ein Stück seelisch wachsen. Sich Gott als Vater oder Mutter vorzustellen, mag für manche Menschen schwierig sein, die Vorstellung einer göttlichen heilsamen

Energie einfacher. Wie auch immer: Es ist gut, in sich hineinzuhorchen, in welchen Bildern Gott für einen selbst am ehesten evident und verständlich wird.

Das Schwere wird leicht

„Immer, wenn ich als Kind oder junger Bursche irgendwie Zweifel an der Religion äußerte, antwortete mir meine Oma: Das musst du einfach glauben. Ich zweifelte daran, dass einer von den Toten auferstehen kann. Oma sagte: Das musst du einfach glauben. Ich zweifelte daran, dass einer ohne Flugzeug einfach so in den Himmel hochfahren konnte oder auf dem Wasser laufen. Oma sagte mir: Das musst du einfach glauben. Später wollte ich mich nicht mehr mit einer solchen Antwort abfinden, ich wollte, dass mein Zweifel ernst genommen wird und fing an, die ganze Religion abzulehnen. Und so stehe ich jetzt da: mit Vernunft, aber ohne Glauben."

Herr Lamers, ein Krebspatient, sagte mir das bei einem Krankenbesuch mit einem gewissen Bedauern in der Stimme. Man merkte ihm an, dass er eigentlich gern eine Art Glauben wiederfinden würde, der ihm in der schweren Zeit seiner Krankheit Lebensmut geben könnte. Aber sein Zweifel, so war zu merken, müsste dabei positiv gewürdigt werden und Teil seines Glaubens sein, er dürfte nicht einfach durch ein Muss übergangen werden.

„Sie sind ein Mensch der Vernunft", stellte ich fest, „unvernünftige Sachen wollen Sie nicht glauben. Und Sie sind auch ein Mensch der Ehrlichkeit. Sie wollen sich nicht verbiegen oder selbst etwas vormachen."

Er fühlte sich verstanden und nickte.

„Andererseits sind Sie aber auf der Suche nach einer religiösen Geborgenheit, nach etwas, das Sie irgendwie hält."

Er nickte wiederum.

„Sind Sie ich eigentlich darüber klar, um welche Art Wahrheit es sich bei religiösen Aussagen handelt? Es ist nicht die Wahrheit des empirischen Experiments: Man bildet eine Hypothese, konstruiert geeignete Versuche und versucht, sie zu verifizieren oder zu falsifizieren. Es ist auch nicht die Wahrheit des reinen, logischen Denkens. Es ist die Wahrheit der Symbole."

Damit konnte er nicht sofort etwas anfangen.

„Ich will Ihnen einen Beispiel nennen", versuchte ich zu erklären: „Junge Verliebte haben seit einiger Zeit die Gewohnheit, ihre Namen auf ein Vorhängeschloss zu gravieren, es dann an einem Brückengitter festzumachen und den Schlüssel in den Fluss zu werfen. Sie schaffen damit ein Symbol für ihre feste Beziehung in dahinfließenden Zeiten. Glauben Sie, dass dieses Symbol zur Festigkeit der Beziehung beiträgt, oder ist es Ihrer Meinung nach belanglos?"

Herr Lamers überlegte: „Ich glaube nicht, dass es belanglos ist, es wird wohl zur Festigkeit der Beziehung beitragen."

„Aber es ist doch nur ein Stück Blech an einem Blechgitter", wandte ich spielerisch ein. „Ist es nicht unvernünftig, einem Stück Blech eine solche Wirkung zuzuschreiben?"

Herr Lamers schmunzelte.

„Oder ein anderes Beispiel...", setzte ich hinzu. „Bei einem afrikanischen Stamm nehmen die Männer, wenn sie in ein fremdes Stammesgebiet gehen und sich auf diese Weise einer Gefahr aussetzen, immer ein Stück Holz in die Hand, so groß wie ein Hühnerei. Sie stellen sich vor, dass darin ihr Gott steckt, der sie begleitet. Glauben Sie, dass die Indianer so Kraft gewinnen, oder ist es wirkungslos?"

„Warum nehmen sie keine Waffe, wenn sie sich bedroht fühlen?" fragte Herr Lamers.

„Weil sie mit einer Waffe etwas anderes symbolisieren würden als mit diesem Stück Holz. Sie würden mit der Waffe ihre Gefährdung noch verstärken, weil sie von den Angehörigen des anderen Stammes direkt als Feinde angesehen würden. Das Holz stärkt sie, ohne sie bedrohlich wirken zu lassen. So hat jedes Symbol Anteil an zwei Wirklichkeiten, der ganz einfachen Welt der Materialien, und an der Welt dessen, was es symbolisiert."

Herr Lamers machte ein nachdenkliches Gesicht: „Ich mag es einfach nicht, wenn man mir sagen will, was ich glauben muss."

„Das ist nachfühlbar. Es hat auch etwas mit dem Verständnis Gottes zu tun", fuhr ich fort. „Ein Gott, der einen Zwang daraus machen würde, dass man ihm glauben muss, wäre ein autoritärer Gott, kein partnerschaftlicher. Die christliche Vorstellung spricht meiner Meinung nach eher von einem Gott, der wirklich die Herzen für sich gewinnt und überzeugt, ohne dieses Müssen."

Wir schwiegen eine Zeit lang und dachten über das Gesagte nach.

„Was könnte denn für Sie ein Symbol für diese tragende spirituelle Kraft sein? Welches Bild könnte Sie in ihrer Krankheitszeit tragen? Und darüber hinaus?"

„Gute Frage", antwortete er, „ich weiß es nicht."

„Ich kann es natürlich auch nicht wissen, was für Sie das richtige Symbol ist", meinte ich, „aber ich habe einen Vorschlag: Achten Sie einmal auf ihre Träume. Vielleicht träumen Sie von Ihrem Geborgenheitssymbol. Und erzählen mir ein andermal davon."

Ich traf ihn tatsächlich ein paar Tage später noch einmal wieder und fragte ihn, ob mein Hinweis auf seine Träume ihn irgendwie weitergebracht hätte.

Er berichtete mir einen bemerkenswerten Traum. Darin war er der große, starke Christopherus, der ein Kind über den Fluss trägt. Der Gang wurde immer schwerer und er hatte schon Angst, es nicht zu schaffen. Aber dann ging von diesem Kind eine starke Kraft für ihn aus. Paradoxerweise kräftigte das Kind ihn, und er erreichte das andere Ufer.

„Gott könnte sein wie dies Kind", sagte ich, „erst macht es Mühe, ihn durch all die berechtigten Zweifel und Ängste zu tragen, aber dann geht Kraft und Sicherheit von ihm aus. Wenn Sie ihr Glaubenssymbol gefunden haben, werden Sie sehen, dass es Mut macht zum Durchhalten Ihrer schweren Zeit."

Gott ist immer anders

„Mir sind eigentlich alle Vorstellungen von Gott abhanden gekommen", erklärt mir Herr Niewer. „Eine Zeit lang habe ich glauben können, dass Gott so etwas wie ein Vater für mich ist, dann habe ich mir eine Zeit lang vorgestellt, er ist eine Art Energie wie die Sonne. Aber es gibt ja für alles wissenschaftliche Erklärungen. Jetzt habe ich gar keine Vorstellung mehr von ihm."

„Sie haben mich aufgesucht, um mir das zu sagen, also treibt es Sie vermutlich in gewisser Hinsicht um", tastete ich mich vor. Herr Niewer nickte.

„Was ist denn Ihr Gefühl, wenn Sie daran denken?"

„Ja, ich weiß nicht", antwortete er. „Manchmal bedauere ich, dass mir alle Gottesbilder abhanden gekommen sind, manchmal bin ich froh, dass ich von Schuldgefühlen frei bin, die mich früher in Zusammenhang mit einem

Aufpasser-Gott belastet haben. Meistens vergesse ich das Thema einfach, weil ich schrecklich viel zu tun habe. Ich bin halt mit anderen Dingen beschäftigt. Die Arbeit! Ich habe außerdem ein Segelboot, das viel Zeit in Anspruch nimmt. Andererseits, wenn ich mich dann auf dem See im Wind treiben lasse, dann kommt manchmal ein Bedauern in mir hoch, dass ich meinen Kinderglauben verloren habe."

„Na ja", antwortete ich, „ es ist einfach so, wie es ist. Vielleicht brauchen Sie zurzeit keine bildhafte Vorstellung von Gott."

„Und wenn ich sie doch wieder brauche?" fragte er.

„Dann werden Sie sie auch finden. Aber ich habe eine andere Überlegung: Vielleicht gibt es Menschen, die Ihre Hilfe benötigen, vielleicht haben Sie eine Aufgabe für andere."

„Ja, schon, aber was hat das mit Gott zu tun?"

„Das Göttliche kann uns ja auch begegnen in einem Menschen, der unser Zuhören braucht, unsere Wertschätzung, vielleicht sogar unsere praktische Hilfe. Ein Gott, der sich zeigt im Bild eines hilfsbedürftigen Mitmenschen."

„Schon, aber diese Hilfsbereitschaft geht ja auch ohne Gott."

„Sicher", antwortete ich, „Gott taucht immer in Verkleidungen auf, nie ganz eindeutig."

Herr Niewer guckte mich irgendwie verständnislos an.

„Mir fällt eine Geschichte ein", ergänzte ich. „Darf ich sie Ihnen erzählen?"

Er nickte.

„Eine Gruppe junger Mönche fragt ihren alten und lebenserfahrenen Abt: Vater, ist Gott mächtig wie ein König, oder eher ohnmächtig wie ein Kind?

Weder noch, sowohl als auch, antwortet der Abt.

Ist Gott eher liebevoll und zart oder eher stark wie ein Krieger? So fragen sie weiter.

Weder noch, sowohl als auch, antwortet der Abt.

Ist Gott etwas Unbestimmtes wie das Licht oder eher eine Art Person?

Weder noch, sowohl als auch, ist auch diesmal die Antwort.

Da fragen ihn die jungen Mönche: Warum sagst du immer: Weder noch, sowohl als auch?

Weil Gott gar nicht so eindimensional ist. Auch in der Bibel nicht. Wenn man versucht, ihn zu definieren, dann sprengt er alle Grenzen und sagt: Ich werde sein, wie ich sein werde."

Herr Niewer überlegte einen Moment.

„Was wollen Sie mir mit dieser Geschichte sagen?" fragte er.

„Ich will Ihnen sagen: Wenn Sie im Augenblick kein überzeugendes Bild von Gott haben, an nichts glauben und wenn Sie auch nicht darunter leiden, dass Ihnen etwas fehlt, dann lassen Sie es einfach dabei. Begnügen Sie sich einfach mit folgendem Satz: Die Urkraft des Lebens wird für mich da sein, genau so wie es notwendig ist."

Ich schrieb ihm diesen Satz auf ein Kärtchen: Die Urkraft des Lebens wird für mich da sein, genau so wie es notwendig ist.

„Darf ich Ihnen dies Kärtchen mitgeben?" fragte ich.

Als er nickte, gab ich es ihm und setzte hinzu: „Verlassen Sie sich darauf!"

Merkwürdig, obwohl er meinte, dass ihm alle Gottesvorstellungen verloren gegangen waren, nahm er das Kärtchen gerne entgegen.

Nicht Vater, nicht Mutter

„Ich kann das Vaterunser nicht mehr mitbeten", bedeutet mir Frau Brigg. „Ich muss immer an meinen Vater denken, und dann wird mir übel. Er hat mir bald jeden Tag zu verstehen gegeben, dass er lieber einen Jungen gehabt hätte als ein Mädchen. Nein, missbraucht hat er mich nicht, aber er hat mich ständig irgendwie heruntergeputzt."

Frau Briggs ging schon auf die 50 Jahre zu. Ihr Vater und Ihre Mutter waren schon verstorben. Es hatte im Erwachsenenalter von Frau Brigg keine Auseinandersetzung, kein klärendes Gespräch zwischen ihr und ihrem Vater stattgefunden. Sie saß immer noch auf dem großen Berg an Verletzungen und Wut, den sie aus ihrer Kindheit mitgebracht hatte.

Ich frage sie, ob sie sich Gott denn wie ihre Mutter vorstellen könnte. Ich dachte, vielleicht findet sie über ein mütterliches Bild einen Zugang zu der Wirklichkeit Gottes. Es gibt in der Bibel ja durchaus auch weibliche Vorstellungen Gottes. Aber sie brauste auf: „Mit Mutter war es noch schlimmer. Um die musste ich mich kümmern, schon als Zehnjährige, weil sie viel zu viel trank und sich dann auch mit Männern herumtrieb. Im Gegensatz zum Vater, der mich nur abgewertet hat, hat sie mich oft geschlagen."

Frau Brigg erzählte mir einige Anekdoten aus ihrer Kindheit, aus denen deutlich wurde, wie sie unter Vater und Mutter gelitten hatte. Sie erzählte von Suizidgedanken, die sie schon in der Jugendzeit gehabt hatte, die sie aber nie realisierte.

„Gab es denn gar keine positive Bezugsperson, niemanden, der Ihnen als Kind ein wenig Ruhe und Geborgenheit gab, zu dem sie sich flüchten konnten, wenn es zu Hause unerträglich wurde?" fragte ich.

Sie sprach von ihrem Großvater, aber die Erzählung war nicht sehr deutlich, und die Hilfe des Großvaters schien auch nicht sehr stark gewesen zu sein.

„Wie soll ich da an Gott glauben, oder wie soll ich beten? Zu wem?" warf sie mir vor.

Angesichts des Elends dieser Frau, die ihr Leben lang abwechselnd mit Depressionen und heftigen Wutepisoden zu kämpfen hatte, blieben mir die Worte stecken.

„In welchem Alter sind Sie von zu Hause weggegangen?" fragte ich sie nach einer Weile.

„Mit 18."

„Immerhin haben Sie bis heute durchgehalten, haben Ihre Kindheit schon 30 Jahre überlebt. Sie haben sich nicht umgebracht, obwohl sie oft daran gedacht haben. Sie haben mit ihrer Wut weder sich selbst noch ihre Mitmenschen zerstört. Da muss es doch etwas anderes geben, das Sie am Leben hält. Was war das?"

„Mein Trotz. Das wollte ich den anderen nicht gönnen, dass ich mich vor den Zug stürze."

Ich nickte: „Und was hat sie noch am Leben gehalten?"

Sie überlegte: „Vielleicht auch ein bisschen die Hoffnung, dass es mir eines Tages mal besser geht, dass ich frei und glücklich werde."

„Trotz, sanfte Hoffnung. Gibt es noch mehr, das geholfen hat, weiterzumachen?" fragte ich.

„Ich weiß nicht", antwortete sie, „vielleicht der Garten. Ich habe immer einen Garten gehabt. Erst habe ich mich um den Garten eines Bekannten gekümmert, schließlich hatte ich mein eigenes Gärtchen. Wenn die Pflanzen wachsen, wenn etwas blüht, aber auch wenn etwas verfault, das tröstet mich."

„Sprechen Sie mit Ihren Pflanzen?" fragte ich sie.

„Ja", sagte sie leicht errötend, „woher wissen Sie das?"

„Es ist naheliegend. Haben Sie einmal beobachtet, welche Kraft in den Pflanzen steckt, wenn sie in einer Spalte im Beton hervorwachsen?"

„Ja sicher, das beobachte ich laufend."

„Sie mögen auch die Stille im Garten, vermute ich."

„Ja", bestätigte die Frau, „ich kann es nicht gut haben, wenn Leute überflüssiges Zeug reden."

Ich schwieg eine Weile. Mir ging durch den Kopf, dass antike Kulturen ja auch in altehrwürdigen Bäumen eine Wohnstätte Gottes gesehen hatten. War das Erleben dieser Frau so weit davon weg?

Dann tastete ich mich vorsichtig wieder zur Frage des Glaubens vor:

„Vielleicht ist das eine Art und Weise, wie Gott Ihnen nahe sein kann: Wie eine stille Kraft, nicht gewalttätig, sondern leise, aber beständig, zuverlässig. Eine Kraft, die Sie immer ein wenig trotzig sein lässt und Ihnen immer wieder Hoffnung einflüstert. Und die Ihnen immer wieder zeigt, dass Gutes wachsen und Schlechtes vermodern kann. Eine Kraft, mit der man nicht direkt reden, aber die man in der Stille auf sich wirken lassen kann. Sie ist einfach da: leise aber beständig, zuverlässig, lebensfördernd. Sie heilt Verletzungen, wenn auch nur langsam."

„Aber muss ich als Christ nicht an den persönlichen Gott glauben und das Vaterunser mitbeten können?" fragte sie mich.

„Gott ist immer anders, als wir es uns denken", war meine Antwort, „auch Vorstellungen von Gott als Person sind nur Annäherungen an den, der sich jeder Beschreibung entzieht. Für Sie ist das Göttliche zurzeit in ihrem Garten präsent. Vielleicht sprechen Sie das nächste Mal nicht zu einer Pflanze selbst, sondern zu der Kraft des Lebens, die in der Pflanze steckt. Vielleicht ist das fürs Erste Ihre Form des Gebets."

Musik statt Moral

„Schon wenn einer mir sagen will, was sich tun soll und was nicht, dann wird mir übel. Diese hohen Herren haben ja vom Leben keine Ahnung. Was ich allerdings mag und was mich oft berührt, sind Chöre, auch Kirchenchöre. Wenn ich sie höre, denke ich, an der ganzen Sache mit der Religion ist doch etwas dran."

Das sagte mir Herr Henkel, junggeblieben, gerade frisch in den Vorruhestand eingetreten, sportlich, schlank, Motorradfahrer. Er kam zu dieser Äußerung, als er erfuhr, dass ich Pfarrer bin. So wie er denken viele Leute. Kirche wird für viele Menschen mit Moral gleichgesetzt, oft mit lebensfremder Moral besonders bei der katholischen Kirche im Bereich der Sexualmoral.

Aber auch in der evangelischen Kirche, in der es nicht nur hohe Herren gibt, sondern auch hohe Damen, Superintendentinnen und Bischöfinnen, wirkt manches sehr moralisch, etwa wenn es um vegetarisches Essen geht, um Kritik am globalen Kapitalismus, um Frauenrechte und um fair gehandelten Kaffee.

Kirchen sind nun mal Institutionen, die für die moralischen Werte im Staate mitverantwortlich sind, auch wenn ihr Einfluss darauf in den letzten Jahrzehnten sehr abgenommen hat. Kirchen haben immer einen doppelten Blick: Den Seelsorgeblick, der ihnen sagt, was ein Einzelner für seine Entwicklung braucht, und den gesamtgesellschaftlichen Blick darauf, was für Allgemeinheit als moralisches Gerüst notwendig ist.

Die moralische Seite der Religion versperrt vielen Menschen den Zugang zur Spiritualität. Umso schöner fand ich, was Herr Henkel mir über die Chorgesänge sagte. Ich fragte nach, ob er ein Lieblingskirchenlied habe, und er antwortete: „Da gibt es irgendwo eine Liedzeile, die lautet: Was helfen uns die schweren Sorgen, was hilft uns unser Weh und Ach."

Ich summte dieses Lied, dessen erste Strophe in jedem Gesangbuch zu finden ist: Wer nur den lieben Gott lässt walten. Herr Henkel konnte die Melodie sofort mitsummen. So ergaben sich ein kleines musikalisches Intermezzo im anstrengenden Alltag und ein gemeinsames Lächeln.

Wer Kirche hauptsächlich als Moralinstanz sieht, wird sich oft ärgern. Vor allem, wenn es auch in der Kirche Skandale gibt, Geld, mit dem nicht verantwortlich umgegangen worden ist oder Schlimmeres. In den Kirchen sind Menschen aktiv. Menschen machen Fehler und sind nicht immer moralisch sauber. Allerdings ist die Häme, mit der menschliche Schwächen in der Kirche aufgedeckt und ausgeschlachtet werden, auch nicht immer zu verantworten. Es kommt darauf an, sich trotz der Fehlbarkeit kirchlicher Würdenträger und –trägerinnen eine positive Haltung zum religiösen Urgrund unseres Seins zu bewahren.

Aber vielleicht ist Kirche auch gar keine Moralinstanz, sondern in erster Linie erst einmal eine Gemeinschaft von Leuten, die ein Lied summen können und eine gemeinsame Fantasie von Gottes Welt haben.

Gottvergessenheit

„Die Leute heutzutage sind alle so vergesslich, was Gott anbetrifft", beklage ich mich einmal während eines Spaziergangs bei einem Freund, einem Psychologen, der auch viel von Philosophie versteht. „Ich glaube, du irrst dich", antwortet er, „die Leute beschäftigen sich heute nicht weniger mit Gott als früher, nur individueller, ungeordneter, freier. Sie tun es nicht mehr unter der Aufsicht der Kirchen."

„Meinst du die Leute, die in der Not mal *o Gott* ausrufen, wie es fast alle tun?" fragte ich.

„Auch das ist ein Zeichen, dass Gott nicht so weit aus dem Denken verschwunden ist, wie du angedeutet hast", stellte mein Freund fest. „Aber ich meine das viel umfassender. Fast jeder Mensch hat eine Einstellung zu diesem Thema."

Dann machte er mir eine lange Liste unterschiedlicher Einstellungen zur Gottesfrage auf.

„Da gibt es Leute, die ganz fanatisch pro Gott eingestellt sind.

Und da gibt es welche, die fast genauso fanatisch die Existenz Gottes ablehnen, und alle religiösen Menschen für dumm erklären. Sie erscheinen einem manchmal, als wären sie Missionare des Heiligen Atheismus, ohne den man in die Hölle der Verachtung kommt.

Dann gibt es jene, die sich von den Kirchen losgesagt haben, aber jeden Tag abergläubische Rituale pflegen, die Wahrheit in den Sternen suchen oder in den Mondphasen.

Dann gibt es die, die alles Religiöse verdrängen, denen aber ihr Bankkonto, ihr Auto oder ihr Fußballverein zum Gott werden. Wenn der Verein verliert, dann ist das für sie die Hölle auf Erden.

Und dann gibt es die, die Gott in sich hineingeholt haben: Ich bin selbst Gott, sagen sie. Ich bin Gott."

Ich dachte an eine Protest-Aktivistin, die bei einer Weihnachtsmesse im Kölner Dom halbnackt auf den Altar geklettert war. „Ich bin Gott", lautete die überhebliche, selbstüberschätzende Botschaft, die sie auf ihre nackten Brüste geschrieben hatte.

„Da gibt es die", fuhr mein Freund fort, „die von allem nur ein bisschen nehmen, die ein bisschen religiös sind, genauso wie sie ein bisschen gebildet, ein bisschen engagiert sind. Am Ende sind sie auch nur ein bisschen verliebt oder ein bisschen verheiratet.

Dann gibt es die Rosinenpicker unter den Religiösen, die sich aus allen Weltreligionen etwas süßen Honig saugen.

Dann gibt es die depressiv Religiösen, die irgendwie immer darunter leiden, dass sie nicht genügen, nicht genügend opferbereit sind, nicht genügend selbstlos und so weiter.

Dann gibt es die, die jeder esoterischen Mode nachlaufen: Wahr ist, was gerade angesagt ist."

Mir wurde die Liste zu viel, obwohl mein Freund mit der Aufzählung der Möglichkeiten anscheinend noch lange nicht am Ende war.

„Hör auf, hör auf!" stoppte ich ihn. „Du hast ja Recht, dass die meisten Leute bewusst oder unbewusst eine Haltung zu Gott haben, wenn auch nicht immer eine positive."

„Stimmt, manche machen sich sogar ganz verrückt damit", ergänzte mein Freund.

„Was meinst du?" fragte ich ihn.

„Na ja, manche meinen zum Beispiel, sogar die Evolutionstheorie ablehnen zu müssen, weil sie die Abstammungsgeschichte des homo sapiens nicht mit der Vorstellung von seiner Schöpfung durch Gott vereinbaren können."

„Als wenn das ein Widerspruch wäre", empörte ich mich. „Aber manchmal ist das Verrückte auch das Heilige."

"Wie das?" fragte mich mein Freund.

„Na, wenn zum Beispiel einer hier alles stehen und liegen lässt, um in den Elendsvierteln von Kalkutta den Ärmsten der Armen beizustehen."

Es kommt nicht allzu oft vor, aber manchmal fühle ich mich als christlicher Seelsorger doch etwas verloren. Dann baut sich vor meinen Augen das Bild auf, dass Religion nur belächelt wird, oder missbraucht wird, oder einfach in der Belanglosigkeit verschwindet.

Mein Freund hat mich mit seiner Aufzählung tatsächlich auf den Boden der Realitäten zurückgeholt.

Nachwort
Gott spricht in Bildern

In den meisten Szenen dieses Buches geht es um Erfahrungen, in denen nach Ansicht der Beteiligten, auf jeden Fall aber nach meinem Gefühl etwas Heiliges in das Leben eines Menschen einwirkt. Das sind sehr bewegende Momente. Sprache hat hier eine andere Tiefe als in der Alltagskommunikation.

Meist sind es bildhafte Vorstellungen, in denen das Ewige im Jetzt aufleuchtet. Ja, das Göttliche spricht oft in Bildern. Die ganze Bibel ist voll von grandiosen Sprachbildern, angefangen von dem Blick in den wunderbaren Sternenhimmel, den man sich auf einem Berg in Israel stehend noch ganz anders vorstellen muss als hier in Deutschland, verbunden mit dem Versprechen an Abraham: So zahlreich wie die Sterne wird deine Nachkommenschaft sein. Oder denken wir an die Vorstellung von dem Land, da Milch und Honig fließen, in das das Volk Israel nach all den Entbehrungen einer endlosen Wanderschaft kommen soll. Denken wir an die häufig variierten Bilder von der Hochzeitsgesellschaft, die Jesus uns vor Augen malt, wenn er uns die beginnende Herrschaft Gottes vor Augen führt, oder an die wunderschöne Perle und den im Acker verborgenen Schatz, mit dem Gottes Welt verglichen wird. Die Bibel ist ein grandioses Buch voller heilsamer Sprachbilder.

Wenn Gottes Sprache oftmals Bildersprache ist – allerdings nicht ausschließlich – dann besagt das etwas über die Art, wie Gott sich zu erkennen gibt. Die Sprache der Bilder ist anders als die Facetten der Sprache. Man kann mit Sprache Verschiedenes bewirken. Man kann Unterscheidungen treffen zwischen gut und böse, richtig und falsch, kann Menschen so Grenzen aufzeigen oder sie zur Anpassung an Normen bringen. Man kann Sprache zum Befehlen und Verbieten nutzen. Man kann logische Operationen fördern. Das alles sind Aspekte der Sprachmacht, die Verhaltensmöglichkeiten einschränken können, auch wenn sie in vielen Situationen zweifellos nützlich und notwendig sind.

Die Sprache der Bilder dagegen befiehlt nicht, schränkt nicht ein, begrenzt nicht, sie lockt. Sie gibt dem Hörer die Möglichkeit, in einem Bild das Berührende selbst zu finden. Erzähler wissen das: Sie malen eine Situation oder ein Geschehen aus und vertrauen darauf, dass es wirkt. Dabei wird manchmal etwas ganz anderes den Hörer berühren, als der Erzähler vorher gedacht hat. In der Begegnung mit Sprachbildern sucht sich die Seele das, was sie braucht. Da herrscht Freiheit. Da hat der heilende Geist Freiheit, zu wirken. Da wird er nicht sofort durch ein Ja und Nein festgelegt.

Besonders in der Seelsorge erlebt man, dass innere Bilder in einem Menschen aufkommen, die eine heilsame Wirkung entfalten. Ein Mensch, der sich monatelang mit einer Angst gequält hat, findet auf einmal ein inneres

Bild, das seine Angst beruhigt und ihn frei macht, sich mit anderem zu befassen. Eine Jesusfigur aus Holz wird auf einmal zum Hilfsmittel, um eine Paniksituation zu überbrücken. Der Anblick eines Schmetterlings eröffnet das Vertrauen auf das Leben nach dem Tode. Die Widmung in einem Gesangbuch wird zu einem Ausweis dafür, dass das eigene Leben nicht gleichgültig ist. Viele Geschichten dieses Buches handeln von solchen heilig-heilsamen Bildern.

Seelsorge scheint überhaupt der Bereich der Religion zu sein, der am stärksten mit inneren Bildern zu tun hat, mehr als der Religionsunterricht oder die Beschäftigung mit der kirchlich legitimen Lehre. Die Seele ist eben freier, manchmal sicher auch wilder und unberechenbarer, als das klare „Ja oder Nein" der religiösen Richtigkeiten.

Dank

Ich habe so vielen Menschen zu danken, dass ich sie hier gar nicht aufzählen könnte: Männer und Frauen, die mich in Seelsorge, Gesprächsführung und Supervision ausgebildet haben, von deren Gedanken und deren Vertrauen ich lernen könnte. Andere haben sich mir mit ihren seelischen Nöten anvertraut und mir dadurch die Chance gegeben, Erfahrungen zu sammeln und wirklich Seelsorger zu werden.

Kein Mensch steht für sich alleine, sondern wir stehen immer auf den Schultern anderer, die vor uns gelebt und bestimmte Gedanken vorbereitet haben. Ja, ich habe sehr vielen zu danken.

Besonders hervorheben möchte ich nur zwei Personen. Zum einen Barbara Herbst-Bukowski: Sie hat meine Texte als Erste gelesen, die meisten geschilderten Situationen mit mir reflektiert und dadurch geholfen, manche Durststrecke des Schreibens durchzustehen. Außerdem der Autor und Herausgeber Klaus Waller: Er hat in vieler Hinsicht durch sein Mitdenken und seine praktische Hilfestellung dieses Buch erst ermöglicht und mir immer wieder Mut gemacht, die Idee dieses Buches weiter zu verfolgen.

Weitere Veröffentlichungen des Autors

Detlef Wendler, Was du suchst, das hast du schon. Eine Anleitung zu heilsamer Spiritualität. Kreuz Verlag, Stuttgart 2007. ISBN 978-3-7831-3005-8

Detlef Wendler, Wie du bist, ist es gut. 366 Tage heilsame Spiritualität. Kreuz Verlag, Stuttgart 2008. ISBN 978-3-7831-30775

Detlef Wendler, Vom Glück des Gehens. Ein Weg zur Lebenskunst. Claudius Verlag, München 2010. ISBN 978-3-532-62414-2

Detlef Wendler, Vom Zauber des Schlafes. Ein Weg zur Lebenskunst. Claudius Verlag, München 2011. ISBN 978-3-532-62424-1

Detlef Wendler, Beten - Heilsame Kräfte entdecken. Matthias Grünwald Verlag, Ostfildern 2012. ISBN 978-3-7867-2914-3

Detlef Wendler, Wieder verliebt ins Leben. 40 heilsame Übungen. Claudius Verlag, München 2014. ISBN 978-3-532-62454-8

Detlef Wendler, In deiner Trauer bist du stark. Herder Verlag, München 2015. ISBN 978-3-451-34793-1